U0742564

文普
化华
PUHUA BOOKS

我
们
一
起
解
决
问
题

教育脑科学

提升教学与学习效果的实践指南

NEUROTEACH
Brain Science and the Future of Education

［英］格伦·惠特曼（Glenn Whitman）
［英］伊恩·凯莱赫（Ian Kelleher） 著

向 隽 译

人民邮电出版社

北 京

图书在版编目（CIP）数据

教育脑科学：提升教学与学习效果的实践指南 /
（英）格伦·惠特曼（Glenn Whitman），（英）伊恩·凯
莱赫（Ian Kelleher）著；向隽译. -- 北京：人民邮
电出版社，2023.4
ISBN 978-7-115-60452-1

Ⅰ. ①教… Ⅱ. ①格… ②伊… ③向… Ⅲ. ①教育心
理学－指南 Ⅳ. ①G44-62

中国版本图书馆CIP数据核字(2022)第217314号

内 容 提 要

大脑是学习的器官，而老师是帮助学生重塑大脑的人。显然，老师对大脑的了解对他们能否准备好教学工作至关重要，但大多数老师对大脑如何在短期和长期内接收、过滤、巩固及运用知识缺乏充分的了解。

研究表明，将有关心智、脑科学和教育学领域的知识以易懂的方式教给学生，既能让他们变得更高效、更自信，也能让他们的学习成绩更优异。因此，基于脑科学的教育者是那些有意识地将心智、脑科学和教育学领域的研究成果应用到教学设计中，并与每个学生共同合作的老师。本书旨在帮助老师和学校管理者了解如何将有关脑科学的研究成果应用到学校和教学设计中，以及和每个学生的互动教学中。本书的内容包括不合理教学策略清单、12 项经研究证实有效的教学策略、与大脑相关的一些谣言、情绪对学习的影响、如何巩固记忆效果、如何布置家庭作业以保证学生有充足的睡眠，等等。

本书既适合老师、校长阅读，也适合家长、教育政策制定者阅读。希望本书成为每个人大脑的改变者。

◆　　著　　［英］格伦·惠特曼（Glenn Whitman）
　　　　　　　［英］伊恩·凯莱赫（Ian Kelleher）
　　　译　　向　隽
　　责任编辑　黄海娜
　　责任印制　彭志环

◆人民邮电出版社出版发行　　北京市丰台区成寿寺路 11 号
　邮编 100164　电子邮件 315@ptpress.com.cn
　网址 https://www.ptpress.com.cn
　北京捷迅佳彩印刷有限公司印刷

◆ 开本：880×1230　1/32
　印张：8.75　　　　　　　　　2023 年 4 月第 1 版
　字数：180 千字　　　　　　 2025 年 2 月北京第 4 次印刷
　　　　著作权合同登记号　图字：01-2021-6148 号

定　价：59.80 元
读者服务热线：（010）81055656　印装质量热线：（010）81055316
反盗版热线：（010）81055315

如果你记住了这本书的任何内容，那是因为你的大脑在读过此书之后有了些许不同。

——埃里克·坎德尔（Eric Kandel）

大脑是学习的器官，而老师是帮助学生重塑大脑的人。显然，老师对大脑的了解对他们能否准备好教学工作至关重要。因此，基于脑科学的教育者是那些有意识地将心智、脑科学和教育学领域的研究应用到教学设计中，并与每个学生共同合作的老师。在教育脑科学领域，有句话常被提及："关于大脑如何学习，我们在过去 10 年中所了解的比在过去 100 年中要多得多。"如此看来，所有老师难道不都应该是基于脑科学的教育者吗？

可现实是，在世界各地的传统公立学校、公立特许学校、私立学校、教区学校和家庭学校中，大多数老师对大脑如何在短期和长期内接收、过滤、巩固及运用知识缺乏充分的了解。这些脑科学知识目前还没有成为老师必备的知识。有关教育的讨论总是围绕着教育标准和学生应该知道什么，但在神经科学、认知科学和行为心理学的分支开始交叉并已产生可操作的实践方式的当下，教育研究和课堂测试面临更多的要求。

我们要想平等地引导学生如何学习，就需要理解大脑的结构及其内部运作机制。因此，我们写了《教育脑科学》这本书，旨在帮助老师和学校管理者了解如何将不断增加的有关教育脑科学的研究成果应用到学校和教室设计中，以及和每个学生的互动教学中。我们希望这本书能帮助实现这样的愿景：有一天，每个学生都能在了解他们的大脑是如何工作和学习的及其背后的研究的老师的指导下学习和成长（见图 1）。

"护士，上网，打开外科手术网站，往下翻，点'手术指南'按钮。"

图 1　为什么"专业"的专业发展很重要

注：图由杰里·王（Jerry King）授权使用。

想象一下，一名医生因为即将对你进行手术而与你沟通，他对你说："我对心脏有很强烈的直觉、热情和热爱，但我从未正式研究过它。"你会选择这名医生为你做手术吗？很可能不会。然而，大多数老师和学校管理者就是带着强烈的直觉、热情、热爱及理想主义，开始并继续他们作为教育者的职业生涯的。老师和学校管理者所缺乏的是对大脑的理解，以及这种理解如何帮助每个学生发挥最大潜能并帮助他们更好地理解作为学习者的自己。

毫无疑问，教学是一份具有挑战性的工作。由于大脑的复杂性及老师、学校管理者和学生可用工具数量的增加，教学变得越来越困难。但在学习过程中，学生最重要的工具是他们的大脑。他们可以说忘记带作业或课本，但他们永远不能说忘记带大脑。即使他们带着大脑，也不能保证他们就会学习。

研究表明，没有什么比老师的"质量"对学生的成绩影响更大的了。因此，这本书的基本前提是教育脑科学是大多数教育者"工具包"中缺失的资源，就像珠宝商没有放大镜一样。本书将验证一些经典的教学实践，并通过证据否认一些教学实践，同时提供新的教学策略和结构。在培训老师和学校管理者方面，这是下一个前沿方向。

在进一步深入讨论之前，我们必须解决一个在新兴多学科领域中常见的问题——如何定义你正在做的事。"教育神经科学"（educational neuroscience，又叫教育脑科学）和"心智、脑与教育科学"（mind，brain and education science，简称 MBE 科学）经常被互换使用。我们更喜欢 MBE 科学，因为有时它与课堂实践的联系更紧密（见图 2）。例如，"MBE 科学不同于以往的其他尝试，因为它专注于我们如何将有关学习的科学发现应用于课堂。因此，MBE 科学被直接置于课堂中，并通过老师作为主要参与者发挥作用。"我们还故意避免使用"基于大脑"（brain-based）和"神经教育"（neuroeducation）这两个术语，因为这两个术语通常与神经学谬论有关。

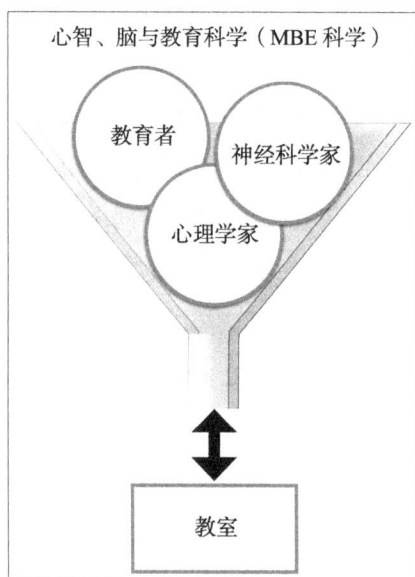

图 2　什么是 MBE 科学

　　为了使教育脑科学成为每个老师思维模式的一部分，为了使 MBE 科学蓬勃发展，我们需要的是关于相关研究的转述模型和神经科学的整合框架。而本书提供了这些模型和框架，以及老师如何应用 MBE 科学这个跨学科领域中的相关研究的具体方法。

很多成功的老师和学校管理者将从本书中了解到，他们关于"最佳"教学和学习实践的一些直觉其实是被教育脑科学验证过的。许多老师和学校管理者也将看到，MBE 科学不仅提供信息，而且会改变他们和每个学生的教学实践与工作。在此过程中，研究的作用是重要的，对此我们同意克里斯蒂娜·辛顿（Christina Hinton）博士的观点："哈佛教育学院一直用'研究赋智'（research-informed）这个术语来强调研究应该为教学实践提供新的信息，而不是让教学实践僵化。教学既是一门科学，也是一门艺术，这句话为实践者留下了'艺术'的空间。"

关于教学工作对教育脑科学的需求，我们想了很多。为什么有人会选择成为老师或学校管理者并为此坚守？他们坚守是因为他们相信自己有可能给学生、同事或校园带去一些改变。倡导、维持和加强这种坚守是当今教育的主要挑战。我们能用新的脑科学知识来迎接这一挑战吗？在 MBE 科学勇于创新但未被充分利用的研究框架下，教师培训和专业发展能否提高老师的素质和教学效果呢？答案是肯定的。

在主持世界各地研讨会的过程中，我们发现最优秀、最聪明的老师和学校管理者不仅利用最先进的研究，希望体验专业上的挑战，他们还将教学直接与教育研究联系起来，为了每个学生优化教学。通过不断学习关于学习型大脑的最新研究，他们作为老师参与教学时和作为学校管理者进行教学改革时就会更加有效，这使他们更有职业成就感，并能激发他们对终身从事教育事业的兴趣。

有研究进一步证实了这一点。教师效能（即老师相信自己有能力影响每个学生的学习）的提高与脑科学知识的增加密切相关。根据我们的经验，老师对大脑如何学习、工作和变化的相关知识了解得越多，他们的教学实践就越不一样。这些老师很快就认识到，有多种途径可以实现他们对学生树立的高期望。随着老师和学校管理者对 MBE 科学了解的加深，他们意识到，一刀切的"工业"教育模式对学生来说并不是一种公平的教育。

人人都在呼唤更好的教育。要实现这一目标，最好也最具挑战性的方法就是将教育学、行为心理学和认知科学的研究融入老师的日常工作中和学校管理者的思维中。想象一下，如果我们融合科学家和老师的专业知识，找出哪些教学实践得到了科学研究的证实而应该继续应用，哪些教学实践给人的感觉是有道理的但缺乏验证，甚至被证明会适得其反，那会给教育带来怎样的改变？

如果我们用已被证实有效的教学实践取代后者呢？如果我们能够传播这种重新定义优秀教学的认知呢？通过将我们的工作建立在已知的科学研究的基础上，有可能让我们在教学实践专业化方面向前迈进一大步，这听起来是如此简单和直观，却又如此诱人。

在深化教育脑科学在课堂上的准确应用方面，有四个重要的利益相关群体：研究人员、老师和学校管理者、学生、家长。"游戏规则改变者"对将教育脑科学与老师日常课堂实践相结合越来越感兴趣，这是由于研究人员越来越意识到，他们的工作成果只有在那些可能会扩大现有研究的规模或应用范围的教育实践者手中才有价值。

从历史上看，关于大脑如何学习的研究会发表在学术期刊上，而中小学及学前老师通常不会阅读这些期刊，而且这些期刊的学术语言对没有受过科学训练的人来说是难以理解的。然而，玛丽亚·哈迪曼（Mariale Hardiman）博士、特蕾西·托库哈马 - 埃斯皮诺萨（Tracey Tokuhama-Esponosa）博士和丹尼尔·威林厄姆（Daniel Willingham）的书及学术期刊《心智、脑与教育》（*Mind, Brain, and Education*）弥合了研究和实践之间的差距。他们的工作证实，研究人员和老师之间彼此需要，大学和中小学应该本着约翰·杜威（John Dewey）多年前提出的研究型学校理念，探索更多合作，并进行原创性研究。简而言之，研究人员和老师在教育脑科学如何对当前的教学实践提供信息、进行验证和指导变革方面各有所长。

另外两个利益相关群体（即家长和学生）呢？如果家长想成为改变这场教育大辩论的有效盟友，要求提高老师教学质量及其专业素养，他们就需要有一个容易获取的信息库。而学生呢？这一切都和学生有关，都是为了帮助学生挖掘他们的最大潜力。我们通过帮助其他三个利益相关群体来实现这个目标。研究也表明，将心智、大脑和教育学的相关知识以易懂的方式教给学生，能让他们变得更高效、更自信，也能让他们的学习成绩更优异。

将教育脑科学整合到教学实践中的难点在于过度简化基于大脑的研究，以及关于"学习是如何在大脑中发生"的神经学谬论。

尽管这些谬论可能让我们感觉很有道理，但却没有研究基础。而运用"基于脑科学"作为噱头进行"神经营销"（neuromarketing）能赚很多钱。甚至研究表明，教育工作者非常容易受到"神经营销"的影响。

有一项研究显示，老师更倾向于相信包含大脑图像的资料中的内容，而不太相信只在标题中有"大脑"这个词的文章中的内容。但老师没有充足的时间去获取能将"好的研究"转化为教学实践的资源，因此他们必须信任有明确脚注和具有可重复性的研究报告，并对这样的神经科学资料的前景保持乐观。

我们写这本书的目的是让它成为研究与任课老师和学校管理者之间的通道，他们已经认识到教育脑科学对提高学习成绩至关重要。同时，我们认为这本书对所有希望自己的孩子获得优秀教育的父母来说也非常有价值。

在所有围绕核心课程标准和学生应达到标准的讨论中，对于学生如何学习才能获得为未来做好准备的基础知识和技能，我们缺乏同等的重视。我们不应该只想让学生在大脑中存储通过标准化考试所需的知识，而应该让他们掌握为未来的职业选择所需的更高层次的创造性思维打下基础的核心知识和技能。对学生来说，他们要了解神经科学，并理解如何提高记忆力、注意力和积极性，更重要的是了解自己作为学习者的优缺点，就像朱迪·威利斯（Judy Willis）博士的建议那样："降低前进道路上的阻碍，而不是标准。"

在为圣安德鲁圣公会学校教与学转型中心指导工作时，我们有机会与美国、中国、阿联酋和英国的老师、学校管理者、研究人员、家长和政策制定者合作，并向他们介绍教育脑科学的原则和策略。在此过程中，我们总结了以下经验。

- 老师和学校管理者认识到"学习的科学"并不像他们想象的那样复杂或难以企及。
- 老师和学校管理者认识到了因材施教的重要性，因为研究表明这能提高学生的参与度和注意力。
- 当老师和学校管理者认可脑科学知识是教育专业人士应该拥有的知识时，他们对自己作为专业人士的信念或自我效能感有了明显提升。
- 老师和学校管理者开始迅速改变他们的一些做法，这一改变让他们面向学生的教学更加有效。

这种结合是实践的专业化，让老师立于一个令人兴奋的、不断扩大的领域的前沿，站在释放创造力、智慧和促进协作的浪潮之巅。这正是老师久盼之甘霖！

正如老师是学生的大脑的改变者一样，我们希望这本书能成为每个人大脑的改变者，希望读者通过 MBE 科学发展新的神经通路和连接。我们意识到有两个因素让这一雄心勃勃的大脑重塑计划变得并不容易实施。首先，老师倾向于按照他们在学校学到的教学方式进行教学；其次，老师倾向于按照自己的学习优势进行教学。

1997 年，约翰·布鲁尔（John Bruer）在《教育和大脑：一座太长的桥》（*Education and the Brain: A Bridge Too Far*）一文中强调了神经科学和教育之间不太可能结合或联系起来。现在，教育脑科学继续在实验室和教室之间架设布鲁尔所描述的"桥梁"，但却是从另一个方向，即老师和课堂的日常经验。学习方面的"专家"是那些每天在教室里与学生相处的人，无论每个老师是否自知，其实他们都是研究者。老师对班级和学生所做的观察和决策的次数不低于医生，但他们往往不能像我们对医学界人士所期望的那样，保持对教育进步的关注。这是教学实践专业化过程中需要填补的一个缺口。因此，我们希望这本由活跃在课堂每天与学生打交道的老师们撰写的书，能够带来以下改变。

- MBE 科学的研究让老师了解应该如何设计课程及引导每个学生，包括经常被忽视的"合格、乖巧"的学生和成绩优异的"学霸"，而不仅仅是那些"问题学生"。
- 学习 MBE 科学的相关研究成为教师培训和持续的专业发展计划的必要组成部分。
- MBE 科学的研究可以带来更多可复制的学校或大学的伙伴关系。
- MBE 科学的研究被用来验证和考验教学实践。
- MBE 科学的研究为打造专家型教师的专业发展提供了一条途径。

《教育脑科学》是我们努力的结果，我们努力将研究成果转化为实践，并努力加强在学校和大学之间的伙伴关系，以让读者更好地理解大脑是如何学习的和学习是如何发生的。这也是一种呼吁，呼吁支持那些关于如何更好地实施教学的伟大想法。这些想法还没有被足够多的 MBE 科学证据验证，仅仅由于没有足够多的老师和学校管理者了解 MBE 科学的原理和研究策略。这就像医生不了解最新的医疗技术。你会考虑让一个在四五十年前接受过培训且仍在使用当年所学方法的外科医生来做心脏手术吗？我们现在有办法提高老师的专业水平，并使之成为现实。

　　我们热爱教学，也热爱课堂。我们还喜欢挑战，试图弄清楚人体必需的复杂器官及其对学习的影响。但如果你问我们写这本书的目的是什么，我们的答案与我们选择教育事业的原因一样：让每个学生受益，让每个学生在每时每刻都有一个相信他们的潜力、了解教学背后的科学、知道大脑如何学习及学生如何成长的老师。

目 录
CONTENTS

第 **1** 章

惠及所有人的教育脑科学

不了解大脑如何学习的教学就像在设计手套时不了解手的样子。如果教室成了学习的场所，那么大脑——学习的器官——就必须被理解和适应。

——莱斯利·A. 哈特（Leslie A. Hart）

《人类大脑和人类学习》（*Human Brain and Human Learning*）

在我们研究有关学习的科学（即研究大脑如何学习）的早期，我们碰到了文化"防火墙"。每当我们谈到大脑和学习时，家长们总认为与之相关的科学知识只对那些学习有困难、可能被诊断为有学习障碍的学生有用。然而，我们很快就意识到神经科学对所有人都很重要，无论成绩优异的学生（以下简称"优秀学生"），还是经常被忽视的表现一般的学生（以下简称"良好学生"），以及学习有困难的学生。例如，执行功能（即大脑制订计划、组织和执行的能力）对每个人来说都很重要，这种功能与大脑的额叶高度相关。额叶是大脑发育最晚的一个区域，至少到个体 25 岁左右才完全发育成熟。然而，在教育领域，谈到执行功能通常只是作为一种"障碍"与学生联系在一起。

在从小学、中学到大学、研究生乃至读博士的整个求学过程中，个体的前额叶皮层一直在发育。这个过程虽然受遗传因素的影响，但它自始至终都受到环境、学生的经历及他们对这些经历的反思和解读方式的影响。这就是神经可塑性，而学校无论好坏，无论是否主动参与，都在其中发挥着作用。

让我们仔细看看学校在影响学生执行功能发展方面提供的技能：解决问题、优先排序、提前思考、自我评估、长期规划、评估风险和回报及情绪调节。包括优秀学生、良好学生和学习有困难的学生在内的所有学生在尽力掌握这些技能后都能从中受益（见图 1-1）。

图 1-1　惠及所有人的教育脑科学

然而，执行功能——对学习、工作和生活至关重要的技能，所有学生都能从中受益的技能，学校可以有意识地帮助学生获得的技能——却成为学校不敢谈论的内容。因为一次这样的讨论的最好的情况是导致学生被贴上"有学习障碍"的标签，而最坏的情况是一所学校被认为是为有学习障碍的学生所提供的。

就执行功能而言，至少有 20 年的发展关键窗口期，在这段时间，学校可以影响学生大脑神经通路的重塑。可悲的是，大多数学校要么忽视这一窗口期，要么对相关研究一无所知，任由具有神经可塑性的大脑自然发展。我们倾向于在小学阶段早期向学生传授教育脑科学方面的知识，然后放手，对年龄越大的学生越是如此，认为他们会边做边学。因此，教育脑科学的真正价值在于我们可以在学校教育的所有阶段帮助所有学生，我们可以帮助他们重塑大脑，让他们成为更好的学习者和学习成绩更好的学生。

通过我们在如何教学、如何评估、如何指导学习方面采取的举措，可以让所有学生都达成以上目标。但要想让这些举措被推广，首先要能够让人们在公共场合谈论它，不让"所有人"这样的关键词被轻易否定，也不让学生被贴上"有学习障碍"这一过于简单的可怕标签。

首先，区分"大脑"（brain）和"心智"（mind）这两个术语至关重要。在我们早期的经验中，总是将这两个词混用。但当听到因记忆研究而闻名的诺贝尔奖得主埃里克·坎德尔博士谈到他的著作《启示的年代》（*The Age of Insight*）时，我们意识到将"大脑"和"心智"混用是不准确的。那么，我们接下来做了什么呢？我们给坎德尔博士发了邮件，他帮助我们厘清了思路。

> 这门新的心智科学建立在我们的心智和大脑不可分割的原则之上。大脑是一个复杂的器官，具有强大的计算能力——它构建我们的感官体验，调节我们的想法和情绪，控制我们的行动。它不仅负责相对简单的身体活动，如跑步和吃东西；而且负责我们认为代表人类典型特征的复杂行为，如思考、说话和艺术创作。从这个角度来看，我们的心智是

由大脑执行的一系列操作。

作为这一领域的教育者，我们用"我们的心智是由大脑进行的一系列操作"这样的表达，让我们的话听起来更可信。

其次，我们发现，谈论"优秀的教学"比谈论"帮助学生更好地学习"会让讨论更顺利。虽然这两者相辅相成，但前者是每个家长都想要的——无论学校的类型、地理位置或经济情况如何，都有可能拥有最好的教学；而后者往往会带来一种反应——"我的孩子不需要任何帮助，你在暗示什么？"

最后，在 MBE 科学领域有很多关于优秀教学内容的研究，但不包括本书第 3 章列出的"不合理教学策略清单"和"12 项有效的教学策略"。相关研究正在进行中，清单也在继续得到丰富，身为兼具研究人员属性的老师（见第 12 章）将在完善清单方面发挥至关重要的协同作用。

因此，我们正处于一个可以开始为所有人科普教育脑科学的时刻。我们可以通过优秀的教学来帮助所有学生重塑大脑，以提升他们的心智能力。而"优秀的教学"并不是一种虚无缥缈的说法，它涉及老师进行或不进行哪些教学实践。这些实践的具体性质看起来会有所不同，会随着课堂环境而有所变化，但现在有足够多的 MBE 科学研究来验证它们并列出清单。

是的，我们指的是所有学生——年龄阶段和能力水平各不相同的学生。无论学生"飞得多高"，教育脑科学能让他们"飞得更高"，甚至还能帮助他们开拓有趣的新方向，以及获得更多的睡眠时间。多数教育类图书都不会特别提及的在大多数学校里表现还不错的"良好学生",他们可以通过教育脑科学提升自己的技能、知识和信心。即使是学习有困难的学生,教育脑科学也可以提升他们的技能、知识和信心。

教育脑科学不仅会影响老师开展哪些教学实践及学校或教育部门的管理者如何设定教学实践执行要求的标准,还会影响家长要求学校开展哪些教学实践。因此,我们写这本书的目的有两个:一是告诉你以上描述的科学性;二是展示被 MBE 科学验证的教学实践都有哪些。

假设我们现在参与一场关于神经科学如何真正让优秀学生、良好学生和学习有困难的学生都受益的讨论,我们可以思考一下该怎么做。我们认为,第一步是让老师掌握神经发育模式的知识,因为研究表明,这是提高学生学习效果的关键一步。

截至 2016 年,存在四种神经发育培养模式:神经科学与课堂模式,大脑定向教学模式,心智培养模式,"大脑与学习"模式。这些模式的研究水平、实际应用水平各不相同,但都表明了可以将学术研究领域的思想转化为老师可用的训练形式。

此外,《大脑定向教学模式》(*The Brain Targeted Teaching Model*)一书的作者,美国约翰霍普金斯大学教育学院教授玛丽亚·哈迪曼的研究也指出这种训练能提高学生的学习能力。我们知道,有些老师想要采用一种可持续的方式,以研究为基础去改变自己的教学实践并评估这种尝试的影响。因此,我们希望《教育脑科学》这本书能满足这些老师的需求。

最重要的是,这些模式给老师提供了一个神经发育的视角,通过它，老师既能以俯瞰的视角观察每个学生和他们的学习进度或课堂情况，又能以日常视角观察他们每周或每天的课堂情况。

例如，我们把心智培养模式和霍华德·加德纳（Howard Gardner）的多元智能理论进行对比。对加德纳的多元智能理论的一个常见误解是，老师应该根据每个学生的优势（语言、数学、运动、音乐、人际关系、内心成长）量身定制教学方法，这其实是一种神经学谬论，就和"左右脑"一样。其实，老师不应该根据每个学生的优势来量身定制教学方法。尽管每个学生都有自己的学习偏好，但研究证明，所有学生都是在老师采用多种教学方法时学得最好。主题不同，最佳的教学方法也不同。老师应该根据学习内容进行区分，而不是根据学生的学习风格。不幸的是，这种对加德纳的理论的曲解非常普遍。

对加德纳的多元智能理论更准确的解释是存在个体差异——每个人都在一些方面做得更好，在另一些方面做得较差。心智培养模式的框架有三个层次的分类，类似加德纳的多元智能理论的精细分类。我们这里所说的是以大脑的神经发育需求为基础的层次，其中八个最广泛的分类类别是记忆、注意、语言、空间秩序、时间秩序、神经运动功能、社会认知和高阶认知。

心智培养模式最初被设想为一种描述学习有困难的学生的优势和劣势的方法，着眼于帮助他们识别自己的优势和弥补自己的劣势，也就是一种识别和解决个体差异的方法。这种设想很好，而且它完全可以作为实现这种目标的工具，但我们发现它有着更大的作用，即可以让所有学生受益。

在每次我们举办心智培养模式的研讨会时，都会出现顿悟时刻。此刻，老师意识到这种模式的强大之处，即通过它可以从每天、每周的日常视角和俯瞰视角观察和调整他们的课程。每个学科和学科内的每项内容都有其相应的神经发育需求。心智培养模式允许老师将教学内容、教学方法和教学评估这三者对应的神经发育需求保持一致。当他们这样做时，所有学生都会受益，不仅如此，学生们还能看到并理解这种"公平"。

不过心智培养模式的作用远不止于此。老师通过这个视角来看待他们的课程，往往会激发出更具创新性和创造性的教学和评估方式。这有利于提升学生学习的积极性和参与度，并让老师各有特色，这对所有学生都有帮助。另外，这种模式还能帮助老师平衡他们每天和每周对学生的神经发育需求。例如，这种模式下，学生在语言处理、记忆存储和检索方面的信心就不会日复一日地受到打击。

相反，老师在有意识地提出相应神经发育需求之前，总是执着于学科固有的需求，并以此要求学生。此外，通过增加对学生要求的多样性，老师可以使自己的课堂更具有挑战性，同时激发学生参与的积极性。更具挑战性使学生为了获得高分必须掌握更多的神经发育方面的需求。

学习有困难的学生可能会被要求做一些他们认为自己更擅长的事情；优秀学生可能会被要求挑战更高的难度；良好学生也不能总待在舒适区，而会被要求从对他们来说容易的任务转到更难的任务。教给老师学生神经发育的框架，既能激励他们，也能使他们有能力改变教学和评估的模式，并根据学习内容而不是学习风格来调整教学方法。正如前文所说，这些都是被研究证明了能提高学生学习效果的因素。

通过给老师配备一个神经发育框架和一个观察工作的新视角，我们已经在普及教育脑科学的道路上迈出了第一步。通过使用"12项有效的教学策略"中的方法，以及避免使用"不合理教学策略清单"中的方法，我们又向前迈进了两步。在后续章节中，我们还将呈现更多步骤。最后，我们想看看面向所有人的教育脑科学是如何适用于最优秀、最聪明和"飞得最高"的人，从而适用于每个人的。

以评分为主要方式的传统学校考试，对那些善于听老师讲课、阅读课本和记住所见所闻的学生来说很容易。那么，如何提升这些学生的能力呢？如何培养他们的韧性呢？老师可以让他们阅读更多书、记忆更多知识或者缩短完成作业的时间。但这真的会给他们带来压力吗？是，这可能会给他们带来压力，但他们在内心知道自己能够完成这些任务。也许他们有足够清晰的自我认知，知道这些其实是他们擅长做的事情。

做一件你知道如果有更多的时间自己就能做到的事给你带来的"时间不够"的紧迫感，与做一件你知道自己不擅长且结果很可能失败的事让你承受的压力是完全不同的。别担心，我们在第7章中会讲到，如果压力持续时间较短，而且是发生在一个支持性的环境中，那么承受这种可忍受的压力是一件好事。如何让最优秀和最聪明的学生走出他们的舒适区？怎样才能给他们创设这样的环境——让他们意识到要想成功，就必须发展新的能力、知识和信心？神经发育框架提供的知识为老师们提供了一个很好地解答这些问题的工具箱。

为了全面回答这些问题，我们还需要探索教育脑科学涉及的另一个枝蔓——智力的本质。长期以来，我们一直试图给"智力"下定义。当代观点认为，心理测量学意义上的智力、智商和标准化测试是智力的重要组成部分，但不是唯一的组成部分。对"智力"的广义定义还包括创造力，也许还包括人格或社交智力，如韧性、积极性、好奇心和社会认知能力等。

此外，智力并不存在于大脑的某个具体位置，而是涉及大脑各个部分的神经网络，它们共同工作。创造力也是如此。科学家们已经绘制出了负责心理智力和创造性智力的大脑神经网络，不出我们所料，两者的网络并不相同。社交智力的大脑神经网络也与它们不同。这意味着，擅长这三种智力之一的人并不一定就擅长其他两种智力。

来自 MBE 科学领域的一个重要观点是，智力并不是出生后就固定不变的。先天和后天之争已有定论，答案是两者兼而有之。遗传差异和环境影响会导致个体差异，特别是在幼儿时期。我们都会在某种智力形式上比其他人强或弱。但神经可塑性的存在意味着，当我们在学校里向学生开展教学工作时，我们有可能帮助学生重塑他们的大脑，提高他们的上述三种智力。虽然只是在一定程度上得到提高，但这很重要。

心理智力、创造力和人格或社会认知能力——传统学校强调和鼓励哪一种能力呢？我们认为，多数学校过于强调心理智力而忽略了其他能力，现在是时候纠正这种不平衡了。如果智力是一把三脚凳，无论凳子的三条腿有多么长短不一，它都能立在那里，但你愿意站在那样的凳子上面吗？可见，向所有学生推广广义的智力定义也是普及教育脑科学的一部分。例如，一个学生考试成绩好并不代表他有创造力。神经可塑性意味着我们可以解决这个问题，而看一看学生未来终将踏入的工作领域意味着我们应该解决这个问题。

为了强调这一点，我们可以看看托尼·瓦格纳（Tony Wagner）提出的七项关键能力。这是瓦格纳在采访了数百名商业领袖之后总结出来的，目的是找出年轻人成功所需的技能，以缩小他所说的"全球成就差距"。这些都是职场人士必备的能力，但瓦格纳和很多人都认为，这些能力在已经进入职场的人身上太少见了：

- 批判性思维和问题解决能力；

- 协作能力和领导能力；

- 灵活性和适应性；

- 主动性和创新性；

- 获取信息和分析信息的能力；

- 有效的口头和书面沟通能力；

- 好奇心和想象力。

在瓦格纳的七大生存技能中，哪一项完全依赖于心理智力？哪一项不是？创造力在哪里发挥作用？人格和社会认知能力呢？

记住，这些能力是不同的大脑神经网络在发挥作用，拥有较高的心理智力并不意味着你在其他形式的智力方面也很强。学校总是非常关注心理智力，那么其他形式的智力呢？

对那些善于听老师讲课、阅读课本和记住所见所闻的学生来说，大多数的学校作业都很简单。当然，上学也是具有挑战性的，主要是因为有大量的作业，尤其是家庭作业，而不是因为任务的认知复杂性，正如我们将在第 10 章探讨的那样。学生们取得了优异的成绩，但这样的教育是否反而让他们变得更平庸了呢？想象一下，如果我们能给他们提供所有其他令人惊叹的、具有挑战性的和能深度参与的认知任务会怎样呢？

如果给你一个机会，让你设计一所能真正培养学生们所需的最关键的知识、技能和思维方式的学校，它将会是什么样子？你会采取什么激励措施和给予学生什么样的任务？它是否会像现在的大多数学校一样？

在第 10 章"家庭作业、睡眠和学习脑"中，我们介绍了斯坦福大学的丹尼斯·波普（Denise Pope）博士称为"应付学业"（doing school）的有害影响。对所有人来说，教育脑科学意味着改变我们的教学实践，产生从"应付学业"到真正学习的根本转变。我们可以看看幼儿园的教室，那里遍布求知欲和学习的内在动机，里面的孩子并不是在"应付学业"，他们在学习的过程中呈现出明显的能量和热情。这种热情会产生什么长远影响？我们如何让每个年级的学生重燃这种学习热情？那将是一项多么惊人的挑战啊！

思考题

1. 不回看本章内容，你从本章中学到的三个突出观点是
   什么？

2. 读完本章后，你想做哪两件事？

3. 读完本章后，你想问什么问题？

第 **2** 章

如何了解学生已经掌握了哪些知识

当我问老师，好的教学的最大障碍是什么，我经常听到的回答是"我的学生……"。批评客户是几乎所有陷入困境的职业人士的常见辩解方式，而这些刻板印象很容易让我们不用对学生的问题或学生解决问题的方式负责。

——帕克·帕尔默（*Parker Palmer*）
《教学勇气》（*The Courage to Teach*）

在阅读本书的过程中，无论有意识还是无意识，你都会在 MBE 科学方面想起一些先验知识。这些知识可能来自你的教育经历、职业经历或阅读选择。先验知识对学习至关重要，因为我们的大脑喜欢将传入的信息与存储在长时记忆中的信息和经验联系起来。但是，知识的准确性也很重要。在 MBE 科学领域，神经科学谬论比比皆是，甚至影响了老师的教学方式。

当开始一个新的学习单元，或者以本书为例，找出读者已经知道的内容非常重要，这也是我们经常对学生做的。由于本书的内容是关于如何将大脑学习机制的相关科学研究转化为教育工作者的教学实践的，因此，在我们深入探讨科学研究和教学策略之前，应该评估一下你已经知道了哪些关于学习的脑科学知识。

形成性评估是被 MBE 科学证实的未被充分利用且最关键的教学策略。为学生提供更高频、更低威胁或风险的反馈方式对于巩固记忆极为重要。的确，我们的意思就是，应该更频繁地为学生提供评估。例如，作为历史老师，我们想知道上这堂课的学生都拥有哪些先验知识，我们还想给他们最好的工具以帮助他们在记忆中存储重要信息。因此，在开始学习每个单元之前，我们都会对学生进行形成性评估或课前测试。同样，我们也希望每个读者都有机会评估自己目前掌握的知识，为深入研究 MBE 科学的应用做好准备。

用传统的对错测验来论证教学实践的下一个前沿领域，这似乎有悖常理。但这只是看起来如此罢了，你还要看看我们是如何使用这个测验的。这个测验并不是对你进行评分。形成性评估的目的是帮助每个人学习，所以这个测验只是为了让你的大脑为后续章节做好准备。正如本书所主张的那样，要想提升学生对教育部门、学校或老师确定的基本内容的长时记忆能力，就必须了解学生已经掌握的知识。我们非常乐于了解本书的每位读者在阅读本书之前就已拥有的先验知识。

我们还在每个单元的学习过程中使用形成性评估，向每个学生反馈他们已经知道的和不知道的知识，以帮助和指导他们下一步的学习，我们也通过评估反馈来调整教学。可见，这种反馈可以同时改善学生的学习和老师的教学。

请判断以下句子，在你认为正确的前面填"T"，错误的填"F"。

_____1. 老师越了解神经科学，其教学的差异性越明显。

_____2. 应该赞美学生的智力，而不是努力。

_____3. 大脑在个体 16 岁左右停止变化。

_____4. 人类的大脑会寻找并总能快速发现新鲜事物。

_____5. 人类只使用了大约 10% 的大脑。

_____6. 将艺术融入课程可以提升学生的学习和理解能力。

_____7. 在评估之前，告知学生他们将很快收到反馈或结果会影响他们的表现。

_____8. 给学生提供自我纠正错误答案的机会，可以提高他们的记忆效果。

_____9. 间隔式教学比批量教学和复习更能巩固长时记忆。

_____10. 不同种族的大脑存在差异。

_____11. 在学习时听有歌词的音乐，可以提升学生的内容学习能力。

_____12. 学生的情绪会影响他们学习、记忆和回忆信息。

_____13. 频繁的、不分级的形成性评估，可以巩固记忆效果。

_____14. 多任务处理会使巩固记忆的效果减弱。

_____15. 有些学生属于左脑型，有些学生属于右脑型。

_____16. 经常改变教室的装饰或配置，可以提高学生的专注力。

_____17. 当老师以学生喜欢的学习方式进行教学和评
  估时，他们的学习效果会更好。

_____18. 课堂上，学生记得最牢的是首先接收的信
  息，其次是之后接收的信息。

_____19. 睡眠有助于巩固记忆。

_____20. 挑战提升学习力，威胁抑制学习力。

_____21. 让学生背诵知识是一种过时的教学策略。

_____22. 在学习的过程中给学生选择的机会，可以提
  升他们的学习参与度，并加深学习。

_____23. 我们的大脑可以进行多任务处理。

_____24. 老师对教育脑科学了解得越多，就越相信学
  生有能力提高他们的学习成绩。

我们不进行会影响学生成绩的临时测验，这是因为研究表
明，这种测验对学习没有帮助。此外，另有研究证明，形成性评
估能有效帮助学生学习。在约翰·哈蒂（John Hattie）的《可见的
学习与学习科学》（*Visible Learning*）一书中，对与学习成绩有关
的 800 项影响因素进行了分析和排名，提供形成性评估排名第三，
在老师的影响因素中排名第一。

形成性评估的一个强大之处在于"不用则废"。学生需要在遇
到知识时立即使用它，以帮助自己将其存储在长时记忆中。尝试
回忆、间隔式学习都有助于记忆存储，而压力会阻碍记忆的存储
和唤起。以上这些已被 MBE 科学证实的研究结论为我们的决策

提供了科学支持。作为老师，我们发现这种转变极其简单且有效。我们在教室里的实践证明了它很有效。我们就这一改变征求学生的反馈也证明了它很有效。我们推荐给同事后征求的反馈也证明了它很有效。

更重要的是，进行形成性评估对所有学生都有好处，无论优秀学生、良好学生，还是学习有困难的学生，因为它既帮助学生学习，又帮助他们在更短的时间内学到更多。例如，对一个正在上法学院或医学院的学生来说，这对他不是很好吗？作为一种学习策略，学生知道创建自己的形成性评估以便以一种省时且高效的方式成长和指导自己的学习，这肯定是件好事。而且，他们知道自己有这样的工具也会给他们带来强大的自信。

如果某个老师喜欢进行临时测验，那么他需要读一读这本书。如果某个老师一上课就复习家庭作业，那么他需要读一读这本书。如果某个老师建议学生通过复习笔记或课本来备考，那么他需要读一读这本书。同时，这本书也是写给学校管理者和家长的，是一本明确教育责任的指南。这就是研究所说的好教学，也是研究证实的教学推荐行为清单和禁止行为清单。

你孩子的老师或学校是如何达标的呢？拥有全新定义的优秀教学基于神经科学、认知科学、心理学和教育研究，探讨的都是关于老师的质量、学校管理者的质量和专业发展的质量。这本书，这份清单，就是关于我们如何开始，以及大众如何需要这种全新的教学。

思考题

1. 不回看本章内容，你从本章中学到的三个突出观点是什么？

2. 读完本章后，你想做哪两件事？

3. 读完本章后，你想问什么问题？

第 **3** 章

12 项有效的教学策略

感知偏见能同时影响疯子和科学家。如果我们过于拘泥于我们认为自己知道的东西，就会忽视或回避任何可能改变我们想法的证据。

——玛莎·贝克（*Martha Beck*）

读者真正想知道的是，老师应该使用哪些经研究证实的策略来提高学生的学习成绩和学习经验。为什么一定要等到全书结束时才告诉读者呢？我们不这样做，在本章，我们就将展示前 12 项经研究证实的教学策略。当然，你还需要阅读本书的其余章节，只有这样才能更好地理解这些研究和理论基础。此外，我们还会给出一份我们整理的"不合理教学策略清单"。要想知道如何让学生学得最好，要想研究哪些方法有效、哪些方法无效，就需要整理一份目前老师还在使用但不合理教学策略清单。

不合理教学策略清单：
老师绝不要这么做

1. 为了了解学生的成绩而进行临时测验。

2. 以复习家庭作业作为一堂课的开始。

3. 一直上到下课铃声响才结束一堂课。

4. 指导学生使用被动学习技巧，如通过重读笔记或课本来复习备考。

5. 以个人风格来定义学生，如这个学生是听觉型学习者、那个学生是动觉型学习者。

6. 为了配合自己感知到的学生个人风格而改变教学模式。

7. 简单地给学生贴标签，如懒惰或聪明，而不是根据观察对学生做出判断。

8. 相信学生的能力水平是固定的（尽管他们的大脑可塑性很强，他们能够重塑大脑以成为更好的学习者和取得更高的成就）。

9. 用以讲课为主的方式传授知识。

10. 对学生的评估以测验为主，尤其是多项选择测验。

11. 老师永远是舞台上的"圣人"，而不是学生身旁的向导。

12. 表扬学生的成就，而不是他们的努力。

13. 没有认识到情绪、身份和健康与学习之间的联系。

虽然我们现在很想马上让你了解排名前 12 的有效教学策略，但这样匆忙反而不好。我们希望你停一停，阅读以下问题，并花点时间进行思考。

花 2 分钟想一想你从不合理教学策略清单中看到了什么。不要尝试解释，不要问问题，只说你在清单中看到的。

_____

_____

_____

花 2 分钟时间想一想你的感受。先不要问问题，根据你在清单中看到的内容说出你的想法。

_____

_____

_____

花 2 分钟想一想你想知道什么。说一说这份清单让你想到了什么问题。

_____

_____

_____

12 项有效的教学策略：
老师和学生应该这么做

1. 在设计上课时间时老师应该知道：学生记忆最清晰的首先是课堂开始时发生的事情，其次是课堂最后几分钟发生的事情。

2. 老师应该对学生实施高频率、低风险的形成性学习评估。

3. 老师需要更多地引导学生以元认知的方式思考他们的学习和表现。

4. 学生需要知道，他们选择的普遍的学习方式实际上正在损害他们的长期学习能力，而自我测试比阅读笔记更有效。

5. 学生、家长、老师和学校管理者都需要明白，睡眠对记忆的巩固至关重要。如果没有充足的睡眠，我们就会出现学习错觉。

6. 学生需要知道努力是最重要的，并且了解神经可塑性，知道他们有能力重新连接自己的大脑神经通路，使自己成为更好的学习者和获得更高的成就。

7. 学生在学习过程中需要更多可以进行自主选择的机会，而且这些选择都是经过精心设置的，这可以提升他们的参与度和激发他们的内驱力。

8. 学生需要爱护自己大脑的边缘系统，了解压力、恐惧和疲劳对大脑高级思维和记忆的影响。

9. 学生需要有能通过视觉和表演艺术展现他们所学知识的机会。

10. 学生需要老师能根据内容和时间的不同调整教学和评估的方式：什么方法最适合这个主题、我已经使用了哪些方法及即将使用哪些方法以提供一系列的挑战。如果采用多种教学模式，并且根据教学内容而不是根据学生去选择教学模式，那么所有学生都能学得更好。

11. 学生需要了解大脑的结构，特别是前额叶皮层、杏仁核和海马体在学习过程中所起的作用。

12. 学生在校期间需要充足的玩耍时间。

我们从有许多老师参与的研讨会中了解到，MBE 科学的研究给许多已经被老师认为是好的教学实践提供了科学支持，而且人们往往还会发现它背后的研究很有趣——这一切似乎都能解释为什么一种特定的方法有效。这是 MBE 科学的"介入"，它使我们更容易消化和接受这样的情况：MBE 科学提供的研究表明，标准教学法中的常见做法实际上是我们不应该做的。幸运的是，正如你可能在本章中看到的，MBE 科学会提供另一种选择。

我们来看看这对教育相关者的影响。12 项有效的教学策略包括老师应该做的事和学生应该做的事。与以往相比，老师在指导学生方面发挥着重要的，甚至可能是更为积极的作用。家长在支持、指导和鼓励学生方面扮演着重要的角色，而他们采取的方式并不常见。学校管理者和教育政策制定者可以决定依据 MBE 科学领域的研究，将优秀的教学作为提高所有学生学习效果和成就的优先事项。

我们认为最值得注意的是，"老师绝不要这么做"和"老师和学生应该这么做"两份清单都是由简单的转变所主导的。即使我们在学校所做的转变只是本章所列的这些内容（MBE 科学要深入得多），所有学生的学习都将变得更好。

但我们能做的并不仅限于此，因为老师在其中可以选择扮演一个有趣的角色。MBE 科学的研究基础正在扩大。这些清单一定会随着时间的推移不断迭代和发展，而老师可以成为其中的一部分。并且，这种情况可能真的会实现，如果研究机构和学校之间建立伙伴关系，合作开展足够严谨的研究并将研究成果发表在行业认可的期刊上。老师参与研究虽然必要，但也不用那么正式。高质量的观察性和定性数据可以由所有老师共同收集。研究结果可以用于个人实践、学校实践或未来更深入的研究和合作。

老师可以扮演研究者的角色，同时也可以在学校里建立基于兴趣与合作的群体，扩大研究者可以触及的圈子，播下下一项研究的种子。这是职业发展的基础。这不仅仅是行动研究，我们称之为"行动领导力"。我们希望通过这本书能提出可能的探索途径，给你一个了解文献基础的入口，并帮助你与志同道合的同行建立联系。

思考题

1. 不回看本章内容，你从本章中学到的三个突出观点是什么？

2. 读完本章后，你想做哪两件事？

3. 读完本章后，你想问什么问题？

第 **4** 章

关于大脑，我们要了解什么

我们经常看到人们嘲笑他们不理解的，并怒斥漂亮的和美好的，因为这些超出了他们的共情范围。

　　——约翰·沃尔夫冈·冯·歌德（Johann Wolfgang von Goethe）

研究表明，教育神经科学的知识非常强大，它能让学生获得更高的成就，提升学生的参与度和激发他们的动机。但我们应该了解其中的哪些知识呢？哪些人能从中获益？我们认为，关键是不仅要了解大脑的生物学知识或大脑的物理结构，而且是在探索大脑与学习的直接关系的背景下了解大脑的结构（见图 4-1）。哪些人应该学习这些知识呢？学生、老师、家长、学校管理者和教育政策制定者等，也就是所有教育相关者。我们必须知道，知识海洋中的"真金"很少，但它们与提高所有人教学水平的行动有着深刻的联系。

大脑可塑性和重塑过程

大脑可塑性和重塑过程与如下大脑结构有关：

- 神经元

- 神经通路

- 树突

- 轴突

- 突触

图 4-1　对于学生每天带到教室的学习器官——
大脑——老师应该了解些什么

　　神经元是大脑的基本信息处理单元，它看起来有点像树。大脑从树枝（树突）接收信号，如果信号超过一定的阈值，那么将信号传递到树干（轴突）。在轴突的末端是突触——神经元之间相互连接的地方。然后，大脑通过化学物质将信号传递到其他神经元的树突分支的突触。当我们的大脑运转时——它们总是不停地运转——电信号从神经元传递到神经元，再传递给下一个神经元，通过这些神经通路传递到不同的脑区（见图 4-2）。

　　树突的分枝让每个神经元与其他许多神经元相连接，大脑是由相互关联的神经元网络组成的。这个相互联系的三维框架的精密结构和排列在我们的一生中会不断变化，尽管变化速度并不总是相同。学生们的神经元网络在他们在学校期间变化尤为迅速。虽然每个人的大脑结构大部分来自遗传，但其变化受到我们所处环境和经历的影响。通过刻意努力——更努力、更聪明地工作——我们可以影响这种变化。这就是神经可塑性的概念。

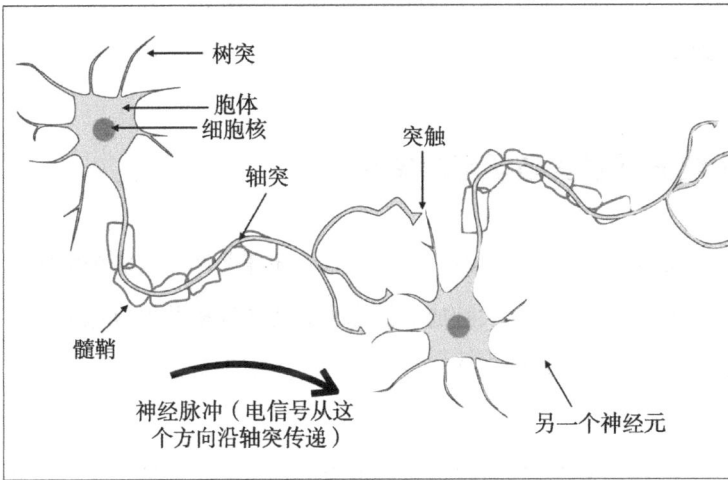

图 4-2　神经元结构图

教学实践、评估、学习习惯、学校的设计、学校日常、学校的社会和情感环境等因素都会影响学生的大脑重塑，无论我们是否刻意去管理它们。MBE 科学最基本的前提是，我们能够且必须管理这些因素，以促进大脑的改变，使学生更强大、更快乐、更有动力、更有韧性，进而取得更好的学习成绩。

髓鞘化——刻意练习可以提高回忆的速度

神经元的长轴突被髓鞘的脂肪鞘覆盖。刻意练习会让髓鞘变厚，这就提高了信号传播的速度。练习得越多，激活的神经通路就越多，形成的髓鞘也就越多，这个过程被称为"髓鞘化"。也就是说，努力地、聪明地工作能让大脑运转得更快，并且提高回忆的速度。

大脑分区及其与学习的关系

大脑是一个复杂的器官，所有的认知任务都涉及多个脑区的协同工作，正如现代大脑成像技术（如功能性磁共振成像）提供的视觉图像所显示的那样，虽然我们不了解细节，但这些图像已经被大众所熟悉。

有一个网络视频短片就是这方面的一个有力例证，它以很慢的速度展示了大脑在听到一个单词时的反应。在大脑两侧有一系列颜色闪烁——大脑两边的一些区域亮起来，然后亮点消退，再然后是另一处……听一个单词是一项听起来很简单的任务，却涉及一个高度协调、非常微妙又复杂的认知反应。这也打破了人们被分为右脑人或左脑人及人们只使用了 10% 大脑的谣言，所有任务都需要用到两个大脑半球的整个大脑网络。

我们最喜欢的另一个大脑磁共振成像显示了不同的人的大脑对"轻敲一根手指"这项简单任务的反应存在显著差异。这表明大脑对任何任务的反应不仅非常复杂，而且具有个性化的特点。虽然我们知道参与某些任务的大脑网络的一般模式适用于大多数人，但每个人的大脑工作的方式都不同于其他任何人。我的大脑和你的大脑不同，这是遗传和环境共同作用的结果。遗传决定我们与生俱来的大脑结构，环境影响它是如何成长的，大脑中的神经网络会根据我们的经历进行修剪和重新连接。

我们的大脑是复杂多样的。接下来，我们将列出一份关于大脑的极简清单。这份清单是如此简单，那么为什么我们还要列它呢？我们认为，这份极简清单可能会帮助你一窥大脑在学习中的作用这一庞大宏伟冰山的一角，或许还能激发你对大脑的兴趣。

杏仁核——与压力和学习有关

杏仁核是大脑边缘系统的关键部分，与感知和处理情绪有关。为了观察大脑对压力的反应，我们做了一个简化模型。在这个简化模型中，杏仁核扮演着情绪转换站的角色，因为杏仁核会将来自感官的信息发送到负责"是战斗、逃跑还是僵住"反应的大脑应激反应中心，而不是大脑的反思部分（即额叶皮层），所以压力过大会阻碍学习。

将感官信息传递到前额叶皮层对学习而言至关重要，其中的关键在于杏仁核的作用及你如何应对压力。好的应对方式能促进从杏仁核到前额叶皮层的神经通路形成髓鞘，这意味着，随着时间的推移，这一传递过程会变得更容易。研究表明，在一段时间内给予个体适当的支持，并且保持适度的压力水平有助于重塑其大脑，使其能更有效地应对压力。也就是说，在适当的条件下承受适当的压力会让你的大脑更强大。

海马体——与记忆有关

海马体在记忆和空间学习中起着重要作用。它是"所有信息被记住之前必须通过的一个通道"。研究表明，在人的一生中，海马体一直会产生新的神经元，这个过程被称为"神经发生"。这是神经可塑性的一种形式，另外三种体现神经可塑性的形式是学习过程中神经网络的强化、修剪和重塑。在学生学习时，一些神经元被触发，而另一些则没有。那些经常被使用的神经通路会得到加强，进而形成其他的神经连接，而那些没有被使用的神经通路则被削弱或修剪——"要么使用，要么失去"。

形成记忆的基础是如下四种相互关联的神经可塑性机制：创造新的神经元、加强已使用的神经通路、创造新的神经通路、修剪未使用的神经通路。学习在让大脑形成持久记忆及塑造大脑结构方面扮演着重要的角色。因此，我们应该对如何学习有明确的目标。

前额叶皮层——与高级认知和执行功能有关

前额叶皮层在许多大脑任务中发挥着关键作用，包括执行功能任务（如评估信息、制订计划、执行计划、分析计划的进展情况并做出调整及衡量结果），在高阶思维任务中也起着关键作用。前额叶皮层的神经可塑性会持续到 25 岁左右，所以在此期间，努力提升计划和执行任务的能力（如使用"脚手架"，然后一点点移除"脚手架"），将会使你更擅长做计划和执行任务。研究还表明，努力增强前额叶皮层也有助于提升个体应对压力的能力。

揭秘神经谣言

在学习大脑的相关知识的同时，我们还必须打破一些挥之不去的恼人谣言。常见的与神经相关的谣言如下。

1. 上中学的时候，学生的大脑发育已经结束了。

错——大脑在一生中都会产生新的神经元和新的神经通路，大脑的某些区域具有显著的神经可塑性，甚至在个体读完大学之后仍然具有可塑性。

2. 认知能力完全取决于遗传。

错——虽然遗传也是影响认知能力的重要因素，但你所处的环境和你的经历也会影响大脑的生长和变化。

3. 你无法控制自己的大脑如何生长。

错——你让大脑做的事情影响着不同脑区的神经通路的形成、加强和修剪。因此，你所付出努力的质量和数量都会帮助你重塑自己的大脑。

4. 我们只使用了 10% 的大脑。

错——我们使用了大部分的大脑，往往是由许多不同的脑区共同工作才能完成设定的任务。

5. 人们要么是"左脑人"，要么是"右脑人"——优势脑决定了人们作为学习者的个体差异。

错——我们都是同时使用大脑的两个半球。对于大多数任务，我们的大脑使用的是不同的脑区，这些脑区通常位于大脑的不同部位，所以我们都是同时使用大脑的左右两个半球。

6. 当人们以自己喜欢的学习方式（如听觉、视觉或动觉）接收信息时，学习效果会更好。

错——一些学生的确会对接收信息的方式（如听觉、视觉或动觉）表现出一定的偏好，尽管已经有许多相关的研究，但目前并没有证据表明当人们以自己喜欢的学习方式接收信息时，他们会学得更好。然而，有证据表明，不同主题的内容最好使用特定的教学模式（如听觉、视觉或动觉）。因此，选定教学模式应该考虑课程本身的特点，而不是为了满足一些学生的感知需求。

7. 事实证明，情绪会干扰学习，应该将它与认知相分离。

错——在大脑中，认知区域和情绪区域是整合在一起的，所以不管我们是否喜欢，或者承认与否，情绪必然伴随在学习的左右。

8. 当我们睡觉时，大脑就会停止工作。

错——当我们睡觉时，大脑仍然活跃着，甚至某些关键的大脑任务（包括与记忆存储相关的任务）只在睡眠中发生。可见，睡眠对学习至关重要。

9. 大脑能够同时处理多项任务。

错——我们的大脑不能同时处理多项任务。相反，大脑通过来回切换，先完成一项任务，再完成另一项任务。然而，这样做会产生交易成本，意味着大脑的工作效率较低。研究表明，自认为能够同时处理多项任务的人并不比自认为不能同时处理多项任务的人在面对多项任务时做得更好。

10. 应该表扬学生的成就，而不是表扬他们的努力。

错——正好相反。将学生的成功与其努力联系起来，而不是归因于其是否聪明，是帮助学生学会坚持的关键。如果一个学生认为努力是决定才智的主要因素，那么他就更有可能和有动力去努力，尝试挑战更困难的任务，并在遇到挫折、困惑和失败的情况下仍然能坚持下去。而将成就作为表扬的焦点，往往会让学生在遇到困难时产生一种屈服的心态，从而阻碍他们走向成功。

老师越了解大脑的结构及其与学习的直接关系，就越有信心将 MBE 科学研究用于教学实践。这一结论超出了我们的想象，但得到了研究的支持，所以我们大胆地提出了以下建议。

学校管理者和教育政策制定者对大脑了解得越多，对将 MBE 科学研究用于教学实践给予的支持就会越大。家长对大脑了解得越多，就越能理解他们在孩子学习过程中所看到的挫折和激动，也就越能支持孩子。学生对大脑了解得越多，他们的自我效能感就越强。

相信大脑的可塑性不仅对老师和学生至关重要，对教育的所有相关者都非常重要。了解如何通过刻意实践和科学策略来改变大脑的生物机理和结构，就可以改变学习实践、教学实践、学校管理和教育政策，就具有将指针拨向更好进行全民教育的力量。

思考题

1.不回看本章内容，你从本章中学到的三个突出观点是什么？

2.读完本章后，你想做哪两件事？

3.读完本章后，你想问什么问题？

第 **5** 章

只是暂时不会

任何人都可以成为自己大脑的雕塑家，只要他愿意。

——圣地亚哥·拉蒙·卡哈尔（Santiago Romany Cajal）

一个英文单词，只有三个字母，它是教育中最重要的词之一。这是我常对怀疑我们的教学方法的学生和老师说的话。你想到是哪个词了吗？这个词便是 yet（暂时不会）（见图 5-1）。

图 5-1 "暂时不会"的力量

注：©2015 杰夫·马利特（Jef Mallett）。

格伦（本书作者之一）第一次接触这个词是在他还是一名有抱负的冰球运动员时，他的母亲用这个词回应他说的"我没法提高我的射击技巧"，并且让他多练习。当他宣称"我不能玩 100 次足球杂耍"时，他的母亲有类似的回应。每一次母亲都用"暂时不会"（yet）来回应格伦的"不能"（can't）。

现在，我们希望本章和这本书能带来一场改变，甚至能在老师、学生和学校管理者之间创造一种"只是暂时不会"的感知，并让它渗透到大家所在的学校。

在阅读了斯坦福大学教授卡罗尔·德韦克（Carol Dweck）的《终身成长：重新定义成功的思维模式》（*Mindset: The New Psychology of Success*）一书之后，这个词（暂时不会）成为我们与学生、同事互动和教学实践的核心。行为心理学作为 MBE 科学的跨学科分支领域之一，很少有人在这个领域比德韦克带给教育界的影响更大。但凡参加教育会议，特别是那些与大脑和学习有关的会议，都绕不开德韦克。德韦克的研究表明，思维模式往往被列为学生必须培养的最重要的必备"非认知"技能之一，以发挥他们作为学习者和个体的潜能。

但是，在进一步讨论之前，我们要先拒绝将一个人的思维模式归类为非认知技能或软技能，因为这削弱了这个概念试图强调的内容的重要性。显然，思维模式是涉及许多大脑系统协同工作的认知技能，是先天遗传因素和个体成长中大脑与环境相互作用时的后天学习能力的某种结合。这意味着，作为老师，我们可以且也应该努力帮助学生提高这些技能。这是因为，虽然这些技能很"软"，但我们并不能因此认为这些技能对学生表现的影响不大。事实上，研究表明，学生的思维模式与其学习成绩、思考和工作能力的最高水平及能面对学习挑战的难度之间具有相关性。

而且，"暂时不会"与宾夕法尼亚大学心理学教授安吉拉·达克沃斯（Angela Duckworth）关于复原力和适应力的研究结论非常吻合，她的出色工作对"优秀"的教育的含义具有重要意义，这与安德斯·艾利克森（Anders Ericsson）提出的"一万小时定律"有关。"一万小时定律"是由马尔科姆·格拉德威尔（Malcolm Gladwell）在他的著作《异类：不一样的成功启示录》（*Outliers*）中提出的概念。它与正念训练领域密切相关，正念训练也开始在越来越多的学校中实施。

但是，仅仅更加努力并不能培养出成长型思维模式，也不能简单地通过从表扬成就转变为表扬努力来获得，尽管这一方式很重要，但成长型思维模式的获得比我们想象的要更微妙。正如德韦克所指出的，想要拥有成长型思维模式，还需要制定明确的改进策略，并从他人那里获得支持、建议和指导。深思熟虑的选择、思忖再三的评估和反复调整策略是本书一以贯之的主题，对老师和学生来说都是如此。本书的另一个主题是合作胜过孤立。

赞美努力的关键在于，不需要"干得好，在这方面你真努力！"这种盲目式赞美，赞美应该与那些已经奏效的策略联系起来。如果赞美没有起作用，就需要进行另一种尝试——承认到目前为止所做的努力，并继续思考下一步可以做什么。可能不仅仅是努力工作，甚至不仅仅是有策略地努力工作，而是以一种聪明的方式有策略地努力工作。

此外，拥有成长型思维模式的重要之处在于，我们作为个体经常会根据情况在固定型思维模式和成长型思维模式之间切换。很少有人只拥有某一种思维模式。随着一天中的环境、情境或需求发生变化，人的思维模式也会随之改变。这一切都因人而异。但是，幸运的是，我们可以通过努力去引导自己在什么情况下倾向于采用哪种思维模式，毫无疑问，大脑可塑性在这里也起到了相应的作用。成功的关键在于以一种反思的方式使用相应的策略，最理想的策略是导师模式。

以上这些提醒我们，老师和学生之间需要存在重要的合作和关联，以及双方在学习过程中平等交流、共享权威。同时这也提醒我们，我们都是聪明的人，都在不断地进步，我们所付出努力的程度和质量的确会带来改变。

培养"暂时不会感知"

教育工作者面临的挑战是如何培养学生的成长型思维或"暂时不会感知"。首先，老师要对所有学生都抱有很高的期望，必须由衷地相信每个学生都能进步，这意味着，放弃给学生贴标签。"懒惰"或"聪明"等标签会掩盖对学生更细微深入的认知——每个学生都有着复杂且不断变化的优势和弱点。

因此，我们必须通过直接观察，不断地反复评估每个学生的学习偏好，因为在包括教学环境在内的整个环境中，每个学生的大脑学习偏好都会随着时间的推移而改变。这一观点甚至适用于一些流行的学习风格标签。例如，如果给一个学生贴上"动觉型学习者"的标签，通常他会因为自证预言而真的变成动觉型学习者，他可能的确在这个领域有优势，但我们也要从他的其他优势和局限性方面更细致深入地考虑，并考虑到神经可塑性可能带来的改变。

相信神经可塑性和适应性，知道自己可以通过学习、应用、评估和调整策略来应对新情况，这是真正的成长型思维。当我们想到我们的学生正在徐徐展开的生活画面时，成长型思维可能就是关键。考虑到这一点，有人认为，现在的学生一生中可能会有7 次不同的职业转变，不管这个数字是否准确，我们可以肯定的是，今天的大学生未来要从事的许多职业目前甚至还没有出现。面对每一份工作，学生们都需要学习他们还不知道的新技能。如果学生了解自己作为学习者及自己目前拥有的优势和劣势，并拥有成长型思维，那么他们就能够不断地学习新知识，并能将旧知识应用到新情境中。

其实，"暂时不会"并不仅仅关乎未来。作为一名历史老师，格伦想了许多"暂时不会"改变过去进程的历史时刻。你也可以想象这一幕。1863 年，林肯这样回应一名内阁成员对他"没能解放奴隶"的质疑："只是暂时不能。"他有力的回应似乎就在耳边。格伦的学生做了一个口述历史的项目，在这个项目中，学生采访了在第二次世界大战时期做铆工的女士罗西（Rosie）。格伦在阅读采访稿时，也想起了这种"暂时不会感知"。当时，罗西一定是用"暂时不会"这个响亮的词回应那些声称"女人做不到像男人一样去欧洲或日本作战"的人。

但要培养"暂时不会感知"并非易事。如果一个学生说自己做不到某件事，然后放弃或者希望老师能给出答案，事情就简单得多。但我们知道，奋斗、挑战和刻意设置难度的确非常有利于学习，尤其有助于记忆。学校里的挑战很重要，没有挑战，无聊就会占据上风。我们只是需要小心地构建挑战，并让挑战持续存在，同时保证目标的可达性，就像朱迪·威利斯博士建议我们的那样："降低前进道路上的阻碍，而不是标准。"拥有成长型思维对成功迎接挑战来说非常重要。大脑的功能性磁共振成像显示，当学生面对学习方面的挑战时，如果保持成长型思维而不是固定型思维，他们的大脑就会越来越活跃。

这就是为什么越来越多的老师和学生开始了解大脑是如何工作和学习的（见第4章），并且这些知识变得越来越重要。关于学生效能感的研究表明，当学生被教导如何通过刻意练习改变自己的大脑神经网络时，他们的学习成绩就会提高，并且他们对自己的学习能力也更自信。与真正培养学生"暂时不会感知"相关的重要研究都是围绕大脑可塑性展开的：首先，大脑是可以改变的；其次，通过刻意练习可以创造新的神经通路；最后，通过刻意练习形成的髓鞘会变得更厚实，从而加快神经通路的形成，继而让陈述性知识和程序性知识的回忆变得更容易。

我们发现，仅仅分享关于成长型思维模式和大脑可塑性的理论是不够的。当然，我们也可以通过让学生阅读"让你的思维模式成长"（You Can Grow Your Mindset）之类的文章或观看卡罗尔·德韦克和安吉拉·达克沃斯的 TED 演讲来学习成长型思维。但我们发现，向学生展示大脑神经是如何连接的，以及如何通过马克·麦克丹尼尔（Mark McDaniel）教授所说的

"努力学习"来改变大脑，可以增强他们对自己有能力改变大脑的自信。

但是，明确地教给学生大脑的结构，能够将教学提升到一个大多数学校都没有尝试过的水平。在学生学习的过程中，这是鼓舞人心的时刻。这不应该仅仅是生物老师的责任，学校应该教授学生细胞体、轴突、树突、突触和髓鞘的形成，就像我们在第 4 章中讨论的那样，同时学校还应该教授神经结构与新旧知识的联系。许多学生发现这种学习为他们提供了对大脑的有趣洞察，这个他们每天都在使用的重要器官用各种各样的方法让他们体验困惑、沮丧和惊讶。

人们认为脑科学太令人生畏是发展"暂时不会感知"的障碍之一，尤其是对没有接受过神经科学等领域训练的人来说，感觉这很难学习。但是，现在有关脑科学的研究资源和著作越来越丰富。例如，哈娜·罗斯（Hana Ros）博士的《不用绞尽脑汁也能看懂的漫画科学：脑神经篇》（*Neurocomic*）和乔安·迪克（JoAnn Deak）的《青少年大脑使用手册》（*The Owner's Manual for Driving the Adolescent Brain*），都让我们能更轻松和容易地理解脑科学（我们认为这是一种被忽视的教育方法）。

此外，库尔特·费舍尔（Kurt Fischer）博士和哈佛大学的克里斯蒂娜·辛顿博士等大学研究人员通过国家教育协会基金会（National Education Association's Foundation）开发了名为"大脑与学习"的免费在线课程，以及通过安能博格基金会（Annenberg Foundation）开发了"神经科学与课堂"课程。这些都是老师和学校管理者认为非常有用的有研究支持的优秀资源。

我们希望每个学生晚上都能睡个好觉（8～9 小时），当他们从床上爬起来，面对新一天的机遇和挑战时，"暂未"就开始了。当一个人觉得自己像个行尸走肉，或者觉得自己只是单纯地在"上学"，就很难做到"暂时不会感知"。所以，老师在这方面也需要发挥一定的作用，确保出色地设计和布置家庭作业，正如我们在第 10 章中讨论的那样。另外，导致人们很难获得"暂时不会感知"的另一个障碍是人们在面对多样性和多元文化时感知到的身份威胁（identity threat），这些术语被广泛地使用，几乎涵盖了所有身份识别符号，成为教育和老师专业发展的一个重要组成部分。

刻意练习

建立成长型思维模式或"暂时不会感知"的最重要的因素也许说起来简单得令人吃惊——练习！卡罗尔·德韦克等人的研究令人信服：如果我们想让学生获得更多成就，如果我们想提高教学质量，如果我们想提高作为学校管理者的能力，就需要实践和练习。大量地练习，但不是随意地练习。

多年来，科学家们一直在探索是什么造就了像莫扎特这样的伟大人物。研究表明，那些在职业生涯中成为精英的人之所以能够获得一定的成就，是因为他们进行了深度的刻意练习。丹尼尔·科伊尔（Daniel Coyle）在《一万小时天才理论》（*The Talent*

Code）一书中这样定义刻意练习：致力于提高技术，寻求批评反馈，严格专注于弥补弱点。稍后我们将讨论刻意练习在教学中意味着什么。

马尔科姆·格拉德威尔提倡"一万小时定律"。他认为，一个人大约需要这么长时间的练习才能精通某一领域。虽然格拉德威尔的言论像一根避雷针，总招致一些批评，但我们可以从中得出一些有趣的结论。首先，考虑到被评价对象的性质和个体之间的自然差异，可衡量的成就会因人和环境而异。例如，安德斯·艾利克森曾说过，"在古典音乐界，国际比赛的获胜者似乎总是那些独自练习 25 000 小时左右的人，即每天练习 3 小时并坚持 20 多年。"不过，10 000 小时也许是一个合理的平均数，表明任何领域都需要大量的练习。

其次，格拉德韦尔经过统计分析发现，并不存在所谓的"天才"。我们可能会认为，会有一些人在不投入大量练习的情况下就达到精通水平，但格拉德韦尔并没有发现这种情况。练习时间和成就之间存在着直接关系。天才不花时间练习就能快速成功，只是没有证据支持的传闻。世上并没有捷径可走。

虽然没有捷径，却有可能存在让学生误入的弯路。如果我们回看科伊尔对刻意练习的定义，就能想到在持续且反复进行的"寻求反馈并弥补弱点"这个重要循环里，一个人是如何获得更高或更低效率的。现在，我们可以在脑海中想象一个学生位于效率谱两端的画面。高质量的刻意练习具有重要的意义，能够让学生发挥优势、弥补劣势，并且完成学业任务，意识到这一点对他们成为高效学习者至关重要。

作为老师，我们有必要帮助学生学习这项技能。由于大脑在所有学龄阶段都具有显著的可塑性，因此，无论学生处于哪个年级，教给学生刻意练习都是一种很好的教学方式。这并不是要降低标准或难度，实际上，这反而是在建立一种更高的标准，但给学生提供有助于他们达成目标的支持——随着他们能力的提升，这种支持可以慢慢地减少。

这种长期持续的刻意努力听起来是不是很难？在此还有达克沃斯教授所说的"毅力"（grit），即面对大量的练习和在所难免的阻碍时有坚持不懈的决心。

虽然我们并不期望我们的学生为了每次考试投入一万小时的学习时间，但是他们在课堂上和在家里总计花费的学习时间要比这多得多。在每个学生走向成为像历史学家或科学家一样的精英的旅程中，通过充分利用时间和有效的刻意练习，他们都有能力给自己的旅程赋能。

来自 MBE 科学的研究能够告诉学生，应该使用什么策略来提升学习效果和效率。例如，有一项研究得出的重要策略值得学生试试，即在时不时查看脸书（Facebook）、推特网（Twitter）或其他头部社交媒体动态的情况后，回忆书本的内容，而不是重读课本，能够带来改变的是将"策略"的概念深深植入每个学生的大脑中。学生们必须秉持在日常学习中使用策略的理念。首先，这些策略是他们可以控制的，在选择、使用、评估和调整策略方面他们身边接触到的人能给出建议。其次，这些策略会随着时间的推移及自身能力的发展而变化，因此不用把它们看作必须永远依仗的拐杖。最后，这些策略确实能提高学习效果和效率，而且使用策略不仅仅意味着努力。

"我会更努力地学习"，这是老师经常听到的一句话。但这只是等式的一半，我们甚至敢说不到一半。很少有人说"我会更聪明地学习"，尽管"聪明地学习"才能更有力地保证学习效果和效率。努力地学习和聪明地学习是一个强大的组合，而根据德韦克的说法，这个组合里的"聪明地学习"部分对建立成长型思维模式至关重要。

回想一下上学时的情景，当你感到充满挑战性时，你感受到的压力就会特别大。如果根据你现在的阅历和经验，你可以使用哪些策略来应对？不限年级和班级，哪些老师可以帮助你找到解决问题的方法？怎么判断你选择的策略是否有效？如果选择的策略不起作用，你应该如何调整它，或者你可以尝试其他哪些策略？在这方面，你可以向哪位老师求助？重要的是，我们如何使用策略。

以下是德韦克发现的用迭代过程来构建成长型思维模式的关键步骤：

1. 使用一项或多项策略；

2. 按照策略努力，并坚持下去；

3. 评估策略是如何运作的；

4. 如果策略不奏效或结果不理想，要勇于承认，不要掩盖失败，它只是暂时的；

5. 不要被失败吓住，而是要调整策略或者用你的所学制定一个新策略；

6. 评估新策略是如何帮助你战胜困难的；

7. 不要独自前行，要和所有老师保持交流，因为合作中的学习效果最好；

8. 重复上述 7 个步骤，不断迭代。

这个迭代过程的基础在于它是可操作和可量化的，培养成长型思维需要做到这两点。但通常情况是可量化性不够。当遭遇失败时，通常你会得到"至少你试过了"这样的安慰，而如果换成"至少你试过了，而且看起来还不错；现在，我们从中能学到什么，接下来我们应该做哪些尝试呢"就完全不一样了。前一种安慰方式传递的意思是，失败是一个终点，而后一种安慰方式表示，这次失败经历只是学生在参与学习和学以致用的反复过程中的一次尝试。这就是区别。

老师的努力能起作用吗？德韦克的研究表明，成长型思维具有一定的领域特异性。例如，学生在数学方面可能具有成长型思维，但在艺术上可能具有固定型思维。但是领域特异性没有清晰明确的边界，并且可能会随着个体和时间的变化而变化。这让我想起某个曾经流行的反进化论假说（半只翅膀有什么用）及理查德·道金斯（Richard Dawkins）对此的回应。

半只翅膀确实不如一只完整的翅膀好，但肯定比没有翅膀好。半只翅膀可以减轻你从高高的树上坠落时的冲击力，从而挽救你的生命。如果你从更高的树上坠落，拥有一只翅膀有 51% 的概率可以救你。无论你的翅膀多小，它都可能在你从树上坠落时救你一命。

成长型思维在一个领域有什么用？肯定比完全没有成长型思维要好。谁知道未来会发生什么，其他老师或能影响孩子的成年人又会和孩子发生什么样的生活交集？

我们都不是绝对的固定型思维或成长型思维，我们的思维模式会因对大脑需求的不同而变化，也可能因时间的不同而不同。但有一点我们可以确定，思维模式是可以改变的。孩子们在生活中不同领域的成长型思维的累积效应，可能就是一种让他们有信心去寻找并最终解决新挑战的真正"暂时不会感知"。

培养成长型思维模式可以改变生活，这是我们帮助学生武装自己的最宝贵的技能之一。所以，当下次有学生说"我会更努力地学习"时，请你给予肯定，这是一个很好的开始，但我们也希望你能更聪明地进行引导。你可以和他们持续讨论这种积极想法的意义。

对学生来说，我们知道形成成长型思维或"暂时不会感知"至关重要，因为像所有学生在学习过程中和校外生活中都会遭遇挑战一样，他们在学习的道路上不可避免地会遇到学业、社交和情感上的障碍。甚至有些学生在此旅程中不仅会遇到小的磕磕碰碰，还会遇到高山般的艰难险阻，这也正是成长型思维研究前景无限的原因。

多年来，教育工作者和教育政策制定者一直在探索如何让那些经常发现自己学校环境很糟糕的弱势学生从高中毕业，进入大学并获得更高的学业成就。研究表明，那些被培养出成长型思维模式的高度贫困、被边缘化的学生，在阅读等基本技能方面的能力显著提升。

挑战

除了练习，还需要挑战。我们的大脑天生就会学习，这是人类的基本能力。但作为老师，我们是否充分利用了这一点呢？你认为学生会从本学年的每门课程中记住什么？如果期末考试是在下一学年开学时而不是本学年结束时进行，学生会怎么做？他们会记得学过什么吗？尽管对大多数老师来说，做这样的设想是可怕的，但可以说这是对学生将所学知识真正存储为长时记忆的更真实的测试。作为专业的老师，我们应该如何在教学中兼顾挑战性和促进长时记忆，并以此作为重要的目标呢？

如果我问圣安德鲁圣公会学校的任何一个高年级学生，他读11年级的时候在国家认可的口述历史项目中采访过谁，他很可能不仅记起采访对象的名字，还能回忆起故事的细节。但是，如果让这些高年级学生讨论林登·约翰逊（Lyndon Johnson）总统的"伟大社会"，尽管这一课我们教得很好，但是他们不太可能回忆起这个具有里程碑意义的课程。这是为什么呢？

研究表明，当学生遇到挑战时，尤其是和他们感兴趣的事情有关时，他们的内在动机就会增强，因此他们所学的知识和技能更有可能被植入长时记忆中。然而，这样的实践项目需要时间来反复试错，并且经常被短期内"学完"学习资料的需要所取代，这一过程中失去的是培养"暂时不会感知"的空间。

MBE 科学的实践的支柱之一是用多种模式进行教学和评估，选择何种模式的标准是"什么是最好的教学或评估方式"，而不是学生认为的"学习优势"。除此之外，我们还可以通过神经发育的视角来分析与老师关心和了解的主题有关的大脑需求，以及选择如何教授这个主题和如何评估与学习效果有关的大脑知识。老师如何将这些整合起来，让学生看到本质上的真实性和公平性？向老师教授 MBE 科学的经验和相关研究告诉我们，以上做法改变了老师的教学和评估方式，使差异化更大和老师的效能感更高，并改善了学生的学习，同时也创造了培养"暂时不会感知"的时机和氛围。

我们总是梦想找到一种方法来抑制小学生和初中生的成长型思维，小学生每天带着这种思维上学，而初中生也在很大程度上具有这种思维。如果有这样一剂灵丹妙药，我们会把它分发给那些被大学教育过程蒙蔽了双眼的高中生及其家长，他们形成了根深蒂固的固定型思维模式。我们已经在现在的学生身上发现了这种趋势。在他们上小学和初中的时候，他们可以毫无约束地体验失败、反复尝试和不断前进，因为他们的成绩不会出现在大学成绩单上。

但是，对许多学生及其家长来说，在九年级开始的时候，会发生一些令人惊奇的事情，或者令人沮丧的事情。他们开始害怕犯错，害怕在智力上冒险，这可能会对他们的学习成绩产生负面影响。这时，服从占据了主导地位，而不再是创造力。学生变成了"成绩机器"——"告诉我怎么做能得 A，我就照做。"

原本占优势的成长型思维，换成了固定型思维。这样，学生的自信和幸福感往往与他们最近的学习成绩紧密地联系在一起，他们开始给自己贴上"天生聪明"或"天生愚蠢"的标签，而这些"天生能力"的标签没有一个是好的。可怕又讽刺的是，德韦克的研究表明，这种被孵化出来的固定型思维对长远的学业和职业成就水平来说是有害的。

但是，这不能只责怪学生和家长。作为老师和学校管理者，我们才是勠力构建"成绩机器"装配线和工厂的人。在为学生的学习设立高标准这个理所当然的目标上，我们经常失败。让我们回顾一下之前的观点：如果把期末考试推迟到下一学年开学时进行会怎么样？你的学生还会记得学过什么？为什么这个想法很荒谬？这种荒谬能告诉我们关于我们所创造的高中文化的什么信息？它对真正的学习有什么价值？

试试这样做：找一个学生，最好是高年级学生，问他成绩和学习之间的区别，你一定会惊叹于他的口才，并怯于了解他的这种洞察力意味着什么。在成绩高于一切的文化中，我们似乎忽视了学习目标及为学习而教的首要目标。

但是，即使这不是培养"暂时不会感知"的最佳沃土，我们也可以培养它，而且必须培养它。我们可以使用本章前面提到的八步法策略——以学生、策略和老师构建金三角结构来进行反思和迭代。我们可以用更注重在长期反思性学习和短期成绩之间找到平衡的方式进行教学和评估。我们可能会期望学校里的所有人都能有"暂时不会思维",但只要任何老师都能在其个人所能影响的某一角做到这点,就已经开始播下了改变的种子。

什么是"暂时不会感知"

为学生们提供"暂时不会感知"的个体或团体模型,经常让我们对运动充满激情。2015 年夏天,我们正在写这本书的时候,恰逢美国女子足球队参加世界杯比赛,并获得了胜利。在比赛期间,一篇题为"被青年队拒之门外成就了六位美国明星"的文章出现了。这样的故事比比皆是。

教室里的"暂时不会感知"是什么样的呢?它始于赢得的信任和关系。老师、教练和导师努力让每个学生达到自己作为学习者和独立个体的最大潜力。在学生学习的过程中,老师不仅有义务帮助学生达到最大潜力,而且还要看看能在多大程度上促使学生超越自己最初感知到的潜力。其中,老师所赢得的一部分信任来自显而易见且坚定不移地相信每个学生,尊重学生当下的优点和缺点,并与他们一起揭开学习经验的神秘面纱。

从信任中产生了学生、策略和老师共同协作的金三角,学生尝试各项策略,评估它们的效果,然后调整策略或选择新的策略,并在整个过程中与老师反复讨论。无论学习有困难的学生,还是那些在教育讨论中经常被忽视的优秀学生和表现一般的良好学生,当每个人都在这样做的时候，我们感受到一种真正的"暂时不会感知"。金三角结构对所有学生都适用，让所有学生都这样做有助于培养"暂时不会感知"和成长型思维，并使之成为学校文化的一部分。

为了维持这种文化，至关重要的是老师和学校管理者需要在日常生活中树立"暂时不会感知"的榜样，甚至在适当的时候公开展示"暂时不会感知"。如果我们宣扬成长型思维，却经常练习固定型思维，学生们很快就会发现我们言行不一。

为了帮助努力及有"暂时不会"倾向的学习者，老师需要以一种学生容易理解的方式来定义这是什么，看起来像什么。在圣安德鲁圣公会学校，我们为学生提供两个成绩：一个是他们所有学科的学习成绩，另一个是他们努力程度的成绩。努力程度的成绩是自学校成立起就有的目标之一，但进程有些混乱。在大多数情况下，那些在课堂讨论和家庭作业中表现最好的学生得到了最高的努力程度分数，而更内向的学生因为他们艰难的尝试而受到了惩罚。当然，苏珊·凯恩（Susan Cain）的《安静》（*Quiet*）一书改变了许多教职员工的看法。于是，一段研究之旅就此开始。

我们再次转向德韦克的工作，以及老师们在各种心智的神经发育框架方面的培训，并确定了我们认为对学生学业成功至关重要且要刻意练习的八大要素：参与、随手记、材料管理、每日观察、自我支持、协作、元认知和出勤管理。在个别要素中，我们从超出预期、达到预期、接近预期和未达预期四个维度列举了一些日常可观察到的标准（见表 5-1）。

表 5-1 圣安德鲁圣公会学校的成绩标准

要素	超出预期	达到预期	接近预期	未达预期
自我支持 · 语言 · 社会认知	□ 总能在自己需要帮助时主动与老师沟通（线下或线上）以获得帮助 □ 总能积极应对课堂内和课堂外的挑战	□ 通常能在自己需要帮助时主动与老师沟通（线下或线上）以获得帮助 □ 通常能积极应对课堂内和课堂外的挑战	□ 有时能在自己需要帮助时主动与老师沟通（线下或线上）以获得帮助 □ 有时能积极应对课堂内和课堂外的挑战	□ 很少能在自己需要帮助时主动与老师沟通（线下或线上）以获得帮助 □ 很少能积极应对课堂内和课堂外的挑战，经常放弃
协作 · 语言 · 社会认知	□ 总能与指定的合作伙伴或团队积极合作 □ 在分享自己的想法和见解时，总能认真倾听同学们的想法和见解 □ 总能主动帮助需要支持或帮助的同学	□ 通常能与指定的合作伙伴或团队积极合作 □ 在分享自己的想法和见解时，通常能认真倾听同学们的想法和见解 □ 通常能主动帮助需要支持或帮助的同学	□ 有时能与指定的合作伙伴或团队积极合作 □ 在分享自己的想法和见解时，有时能认真倾听同学们的想法和见解 □ 有时能主动帮助需要支持或帮助的同学	□ 很少与指定的合作伙伴或团队积极合作 □ 在分享自己的想法时，很少认真倾听同学们的想法和见解 □ 很少（从不主动）帮助需要支持或帮助的同学

（续表）

要素	超出预期	达到预期	接近预期	未达预期
元认知（关于学习的思考） · 语言 · 记忆	□ 总能抓住展现学业水平（写作或口头表达）的机会 □ 总能清晰表达当前的学习优势和挑战 □ 总能针对特定任务阐述合适的个人学习策略 □ 总能主动请求并乐于接受老师书面和口头的反馈意见	□ 通常能抓住展现学业水平（写作或口头表达）的机会 □ 通常能清晰表达当前的学习优势和挑战 □ 通常能针对特定任务阐述合适的个人学习策略 □ 通常能主动请求并乐于接受老师书面和口头的反馈意见	□ 有时能抓住展现学业水平（写作或口头表达）的机会 □ 有时能清晰表达当前的学习优势和挑战 □ 有时能针对特定任务阐述合适的个人学习策略 □ 有时能主动请求并乐于接受老师书面和口头的反馈意见	□ 很少能抓住展现学业水平（写作或口头表达）的机会 □ 很少能清晰表达当前的学习优势和挑战 □ 很少能针对特定任务阐述合适的个人学习策略 □ 很少能主动请求并乐于接受老师书面和口头的反馈意见

但是只有这样的标准是不够的。关键是反思，老师能否采用帮助学生对自己的学习进行元认知反思的教学策略很重要。因此，老师应有意识地在课堂中引导学生反思，同时要注意避免反思疲劳。找到其中的微妙平衡也非常重要。

例如，在圣安德鲁圣公会学校，我们在主要项目的评估前和评估后加强了反思的使用。在进行评估或开始项目之前，我们会问学生们这项评估或项目对大脑有什么要求，需要运用哪些技能和策略来达到最高水平。在完成一项评估或项目之后，我们会要求学生们简要反思哪些做法是有效的，哪些做法是无效的，以及他们以后可能会采取哪些不同的做法。

我们发现，在有效的评估之后，只要赢得老师的信任，就会有一个简洁、不牢固且短暂的诚实和脆弱时刻，此时许多学生以卓越的洞察力和诚实的态度反思他们的学习。作为老师，花时间阅读这些材料（包含已评分的作业）并迅速回复，将十分有助于培养学生和老师之间关于学生学习及策略在其中的作用的持续讨论。

教育捐助基金会（Education Endowment Foundation）为其"教与学工具包"（teaching and learning toolkit）进行了一项元分析研究，发现元认知与同伴辅导和反馈是最有益且最划算的学习策略之一。对此，我们也同意。但某一方法用得太多，即使是好方法也可能会适得其反。所以，为了给学习的反思带来新意，我们使用的策略是应用许多优秀的"可视化思维"常规活动。"可视化思维"是由罗恩·理查德（Ron Ritchhart）和他的团队作为哈佛大学"零点项目"（project zero）的一部分时开发出来的。理查德的工作与我们在 MBE 科学实践方面的工作非常吻合。

创建"暂时不会"思维模式要求老师精心设计作业和项目，引导学生进行深入、积极的认知参与——这是一种掌握思维的学习。老师应该努力创造机会，让学生真正关心学习，让学习的潜在乐趣高声呼喊，淹没成绩和分数这种背景噪声。这并不是说成绩和分数都不重要，只是现在它们没有我的老师让我做的事情那么重要。

我们都创造过这样的教学时刻，当这些美妙时刻发生在课堂上时我们都能意识到。让我们创造更多这样的美妙时刻。在这些时刻，我们可以激励学生努力且聪明地学习，以克服"暂时不会"的巨大挑战。MBE 科学研究提出了一些帮助学生的策略，如结合个人相关性或选择，或者让学生解决以人为中心的问题（同理心是一种未被充分利用的工具），就像本书其他部分所讨论的那样。想象一下，在一所学校里，学习无处不在，学生们经常遇到并克服"暂时不会"时刻。这所学校会是什么样呢？

无论老师、学生，还是学校管理者，我们每个人都可以作为一个独立个体为我们所爱的人和我们所生活的世界带来改变。我们只需要竭尽全力，更聪明地实践，拥抱挑战，信任我们的老师、同事、导师和父母，并用振聋发聩的"暂时不会"来纠正每一次"不能"。

思考题

1. 不回看本章内容，你从本章中学到的三个突出观点是什么？

2. 读完本章后，你想做哪两件事？

3. 读完本章后，你想问什么问题？

第 6 章

我教过的最好的课

在下列词语中，圈出那些你认为自己了解的词。

- 边缘政策
- 柏林墙
- 围堵政策
- 和平共处
- "铁幕"无形屏障
- 多米诺理论
- 权力的傲慢
- 合围
- 回降
- 第三世界
- 国际关系缓和
- 卫星国
- 资本主义
- 保证互相毁灭原则

我就是这样开始了我教过的最好的课，这件事发生在 2014 年 4 月 15 日。在历经 21 年的教学、参加各种专业发展会议、阅读关于 MBE 科学这一新兴领域的研究后，这一切汇合在了一起。你也试试这个作业吧。先设置好两分钟的计时器，然后开始。

像所有老师一样，我希望我教的内容和技能在下次考试之后学生仍能记住和保持。同时我也认识到，教学既是一门艺术，也是一门科学，每一门课都像一块空白的画布，需要像诺曼·罗克韦尔（Norman Rockwell）的画作那样加以设计（见图 6-1）。MBE 科学领域的研究能告诉我们这种设计。例如，我的这节课的课程目标是介绍有关冷战的关键术语，并让学生开始将每个术语应用到冷战事件中。

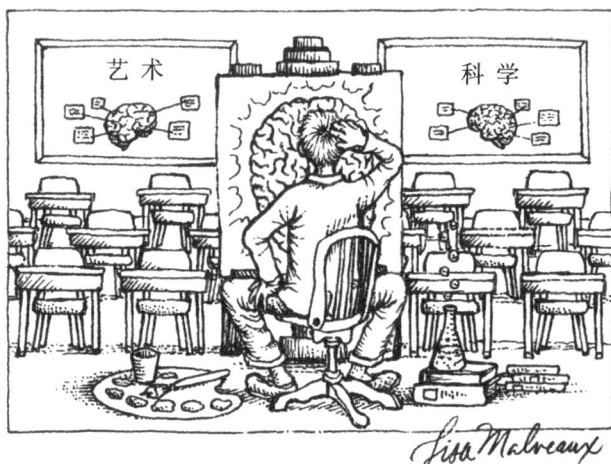

图 6-1　灵感来自诺曼・罗克韦尔的画作《最后期限》(*Deadline*)

这节"最好的课"持续了 80 分钟，学生们一进教室就听见教室里播放着比利・乔(Billy Joel)的《不是我们点的火》(*We Didn't Start the Fire*)。学生们立刻被这个新奇的时刻吸引住了。虽然我经常在课堂上播放音乐，但选曲经常受限于我来自新泽西州的喜好和我对布鲁斯・斯普林斯汀(Bruce Springsteen)的迷恋。伴随着"海明威、赫鲁晓夫、柏林、开始"的歌词，学生们开始了他们的"立刻行动"(do now)——圈出他们熟悉的冷战术语。这个两分钟的练习要求学生集中注意力，激活记忆。"立刻行动"是一种教学策略，它让学生立即参与到当天的问题、概念或主题中，并充分利用被研究证实的课堂上最适合学习的两个时间段之一。

优化每节课的早期时刻一直是我们学校的一项重要工作，这是由研究驱动并由问题塑造的。我们如何在每节课的开始有效地吸引学生？在这种情况下，我们仔细研究了序列定位效应（通常称为"首因效应"和"近因效应"，见图 6-2），以最大化每个学习片段。它强调了在每节课期间记忆的三个方面的知识——长时记忆、工作记忆（也称为"瞬时记忆"）和短时记忆——是如何发挥作用的。

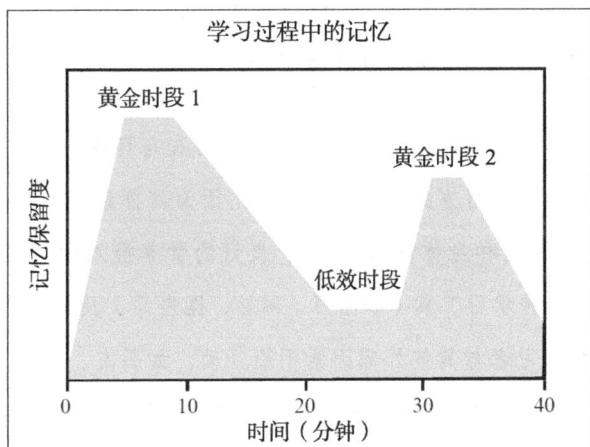

图 6-2 记忆的首因效应和近因效应

注：上图摘自戴维·A. 苏泽（David A. Sousa）的著作《脑与学习》（*How the Brain Learns*）。

值得注意的是，第一次对记忆进行科学研究的时间非常早，可以追溯到 20 世纪早期。这提醒我们，并非全新的研究才对课堂有益。然而，像大多数教育研究一样，老师需要通过做更多的工作来探索怎样用首因效应和近因效应去理解如何充分利用与学生相处的时间，以及如何让学生在课堂之后尽可能久地记住所学的内容。

然而，这一"效应"影响了老师们的一些课程设计。他们意识到在教学计划中必须考虑学生的注意和记忆的流程，从即时和相关的参与开始，然后传授关键知识或技能，之后安排时间进行刻意练习，最后进行回忆和反思。但是，对任何一个班级来说，这个过程都需要老师考虑许多其他因素。优化一节课的流程可以参考凡妮莎·罗德里格斯（Vanessa Rodriguez）在其著作《教学的大脑》（*The Teaching Brain*）中指出的：

> 学习是一个动态的、相互作用的和与环境相关的过程。一个人的学习方式与众不同，除了因为其自身的生物学特性（包括基因和身体健康状况）、良好的营养摄入和学习环境、使用多种学习工具（如图书、网站、图表等）及优秀的老师，还有学习者与其他外部因素不断互动，如朋友、家庭、文化和社会。这些内在因素和外在因素共同作用，形成了学习脑。

回到我的课堂。虽然有的学生因为好莱坞电影而对这些冷战术语有一些了解，但大多数学生并不了解。这是大多数学生第一次有机会深入研究有关冷战的历史。

然后，我们通过直接教学，也就是讲课的方式向学生介绍每个术语，这仍然是一项对学生学习非常重要的教学策略。专业的老师需要非常了解自己教授的内容，并且必须在增加教育学知识的同时也增加学科知识，对此，我们将在第12章中进一步讨论。

为了进行更高层次、批判性和创造性的思考，学生需要汲取知识和经验，而且这种需要是非常强烈的。因此，给出这十几个冷战术语的定义是第一步。

在相关研究和《21 世纪的三学科和教育七大迷思》（*Trivium 21c and Seven Myths about Education*）等书中我们可以看到，基础知识十分重要，并且不要对学生已经知道的知识做太多假设。这就是为什么老师必须真正了解自己教授的内容，因为一门学科的必要特点和基础概念是理解它的关键。这种有针对性地使用传统方法（如讲课）并辅以 MBE 科学的方式（如形成性评估）可以有效地构建学生需要的基础知识框架。

然后，我的课变成了小组讨论。我给学生 20 分钟的时间，让他们用计算机查阅资料，并试着把尽可能多的冷战术语和冷战事件联系起来。需要注意的是，仅仅给学生分小组并不能保证学习顺利进行，因为计算机已经被证明既是有效的学习助手，也是让学生分心的工具（见第 11 章）。

如果老师设计得好，协作学习或小组工作就会被用在合适的地方。同时，老师的监督也非常重要。在我们参观的很多课堂上，当学生们做小组作业时，老师与每个学生的接触是不够的。我们可以看到老师在查看电子邮件或进行其他班级事务，而不是在小组之间走动、倾听、提问并给予可能对学生有帮助的适量提示。例如，在我的这堂课上，提示学生们搜索和冷战术语有关的冷战事件。正是在这些老师"闲逛"（有个学生这么称呼它）的过程中，我经常运用一些由罗恩·理查德及其同事在哈佛"零点项目"

中提出的"可视化思维"活动，如问学生"在想什么"。这些是在日常教学中很容易实现的活动，可以让学生以新颖、有趣的方式思考。

当学生们在冷战术语和冷战事件之间建立联系时，他们被要求找出与每个历史术语相关的历史图像。虽然对于感官上是视觉为王还是嗅觉为王仍存在争议，但在学习情境中，一定是视觉最重要。因此，老师们不断地尝试用多种形式和运用多种感官来呈现材料。这种独特的形式多样的活动更有可能开始将这些关键概念嵌入每个学生的长时记忆中，因为学生是通过操作信息来学习的。

通常，教授海量知识带来的压力让老师认为，老师的责任就只是告诉学生他们需要知道的知识。然而，我们从研究中知道"空瓶法"——"打开水龙头，填满学生脑袋"的教学方法——几乎无法促进持续性学习。老师可能会因为在如此短的时间内教了如此多内容而感觉良好，但实际上学生能保留下来多少知识？会保留多久？此外，老师是否真的想过这些问题，或者是否认为教完内容就完成了教授的工作，接下来该由学生记住它们了？

学生也许能够在单元测试中取得令人满意的成绩，但研究表明，这种方法往往无法让学生将知识有效地存储在长时记忆中，而我们认为将知识存储在长时记忆中可能才算真正的学习。如果老师一直在教，学生却没产生真正持久的学习，这真的算教学吗？

培养学生更持久学习的方法之一是改变知识呈现的形式。因

此，一个老师设计了一套与我的课类似的冷战术语介绍，让学生
用自己的方式画出表示每个冷战术语的图像。在所有学科中，用
艺术的方法转变知识呈现的形式都是帮助学生学习和记忆知识的
一种工具，玛利亚·哈迪曼（Mariale Hardiman）博士的书《脑
科学与课堂》（*The Brain-Targeted Teaching Model for 21st-Century
Schools*）是理解这种知识转化的关键作用的重要资源。

我的课是怎么结束的？或者更确切地说，结束一门课最好的
方式是什么？每节课结束后，当你走在学校的走廊里时，可以想
想这个问题。很多时候，当老师在讲解一节课的最后一点内容或
说"下课"时，可以看到学生们在为下一节课或下一项活动做准
备。就像研究建议的那样，这是一种学习最佳时机的损失，而老
师往往没有充分利用这一时机。这是对学习的歪曲。对老师来说，
还有什么比可靠的结课策略更重要的呢？没有它，学生在课堂上
所学的很多东西将会消失于记忆中。

在我的课上，下课时学生们会得到一张"出门卡"（exit
ticket）——这是一个让学生反思和回忆老师想让他们在这节课上
学习的内容的机会。"出门卡"的概念并不新鲜，在道格·莱莫夫
（Doug Lemov）的《像冠军一样教学》（*Teach Like a Champion 2.0*）
一书中强调了"出门卡"作为一项教学策略的重要性。

在我的课结束时，我会给学生一张笔记卡，要求他们凭记忆
尽可能多地写出课前呈现的冷战术语。我们班级的学生的平均成
绩是 6 分，这对我来说是一个很好的反馈，能帮助我计划下一节
课。回忆能帮助学生们把他们当时学的东西在长时记忆中进行巩

固，也能让他们的大脑做好在下次遇到这些术语时学习更多知识的准备。这样的反复迭代是最好的学习方式。

回忆时机是帮助学生将内容存储于长时记忆中的重要时刻。当我们想到如何建立神经连接（见第 4 章）时，我们已经知道神经连接是"要么使用，要么失去"。教育和学习往往会受到回忆时机不够的影响。通常，从老师介绍一个概念到对学生就这个概念的掌握情况进行评估之间的时间间隔太长，以至于学生不得不在短期内重新学习，而且还往往是用临时抱佛脚的心态死记硬背。许多学生都是这样做的，也许他们的成绩不错，但这并不意味着这是最有效或最高效的学习方式。

因此，当我的学生第二天回到课堂上时，他们面临的是一种形成性评估的"立刻行动"活动，我要求他们再次根据记忆尽可能多地列出那些冷战术语。这一次班级平均成绩是 8 分。在为期三周的冷战术语学习小组课程中，得益于前一晚的家庭作业，学生们必须定期进行回忆。

这背后的基本原理是，学生需要掌握基础知识，以便能够阅读更多一手资料和二手资料，继而能深入地谈论冷战，并完成需要他们运用这些知识的高阶思维任务。即使他们没有答对所有术语，也没关系。答错是学习过程中至关重要的一部分，有助于建立健全的神经通路。也正因此，对每一个术语的解构和应用会继续贯穿这个关于冷战术语的单元。即使是我上过的最好的课，一节研究型课也不能保证达到巩固长时记忆的效果。归根结底还是要靠练习。

根据对本课程的研究，这节课本身并不能确保学生在冷战的历史这一单元结束时的期末评估或考试中回忆和应用这些概念。随着时间的推移，能有练习、应用和回忆这些冷战术语的机会也同样重要。而且，这种进一步练习的需求不会降低这门课课程设计中的教学艺术价值。

当我在 1991 年第一次教授与冷战相关的术语时，我的教学方式和现在很不一样，当时我更像摆老师架子的"讲坛圣人"："同学们，抄写这些词，好好学习它们。"现在，我仍然坚信掌握与冷战相关的术语的基础知识是必要的——对于每一门学科都是如此，在进行深入讨论和更高层次的思考之前，必须有意识地充分建立坚实的学科内容知识基础（见第 11 章）。但这门课的设计经历了多次迭代，因为我的相关学科内容知识和教学知识都有所增加。这告诉我们，当老师是一段旅程、一门艺术，也是一门科学。这也提醒我们，设计自己最好的研究型课程是一项非常复杂的工作。你可以试一试，给自己充足的时间让课程在来年变得更好。

思考题

1. 不回看本章内容，你从本章中学到的三个突出观点是什么？

2. 读完本章后，你想做哪两件事？

3. 读完本章后，你想问什么问题？

第 **7** 章

情绪对学习的影响

恐惧阻碍心智的绽放。

——吉杜·克里希那穆提（Juddi Krishnamurti）

老师是一种激动人心的职业，做学生是一段激动人心的旅程。教学、学习与情感不可能彼此分离，而这实际上违背了 MBE 科学的原则。当老师和学生对所学主题产生情感联系时，他们的内在动机会增强。当学生因为老师的信任而与老师建立情感联系时，他们的自我效能感也会增强。而当学生感到无聊、压力大、被威胁或孤立时，他们就不太愿意学习。那么，学生在任何一天的表现如何，老师无疑应该发挥一些作用吧？

学习离不开情绪（见图 7-1）。大脑是一个复杂的器官，所有的认知任务都涉及多个脑区的协同工作，这是一门我们需要掌握但又极富挑战性的科学。但是，对这门科学的精选简化可能会帮助我们理解情绪对学习脑的影响。

杏仁核是大脑边缘系统的重要组成部分，可以说是大脑的情绪转换站。这意味着，任何希望学生学习的老师都应该深入研究"杏仁核管理"，并注意到情绪和压力在学习中的作用。所以，老师们，请鼓起勇气，来一次冒险的呼喊："我关心你的杏仁核！"另外，你最好提前准备一些相关说明知识，以应对你可能产生的困惑。不过，别担心，我们会帮助你。

图 7-1 恐惧阻碍心智的绽放

　　我们的大脑不断受到各种感官输入的信息的"狂轰滥炸"，乃至超出了大脑的可处理范围，所以在输入的信息或经验到达前额叶皮层（负责执行功能和高级认知）和海马体（负责记忆任务）等脑区之前，大脑就进行了一些过滤。幼儿的这种过滤系统发育还不完全，加州大学伯克利分校的心理学兼哲学教授艾莉森·高普妮克（Alison Gopnik）这样形容幼儿大脑里的感觉："（它）就像你喝了三杯加倍浓缩咖啡后，第一次在巴黎坠入爱河。"

　　杏仁核在大脑系统中扮演着关键角色，是我们的情绪过滤器。当我们处于压力之下时，大脑会将感官输入的信息传输到后方的"反应性大脑"，也就是发生"战斗、逃跑或僵住"反应的脑区，然后原始的自动反应就开始了。有时候这也被称为"减速"（见

图 7-2）。想想学校这个环境，有多少学习是发生在这里的呢？玛利亚·哈迪曼的文章里这样写道："由于教育的标准化，美国学校的许多学生陷入了这种低层次的思维模式。因此，学生们实际上与他们的创造力和高水平学习能力分离了。而正是那些负责培养学生创造力和高层次思维的机构所使用的方法阻碍了这两方面的发展。"

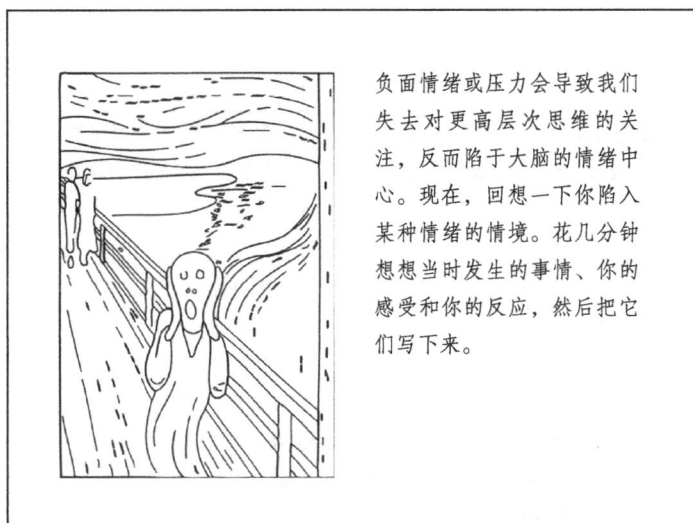

负面情绪或压力会导致我们失去对更高层次思维的关注，反而陷于大脑的情绪中心。现在，回想一下你陷入某种情绪的情境。花几分钟想想当时发生的事情、你的感受和你的反应，然后把它们写下来。

图 7-2　减速反思

但是，当我们没有压力或压力较小时，包括杏仁核在内的边缘系统会将感官输入的信息导向前额叶皮层，这是负责执行功能和高级认知的脑区。我们的思考、组织、计划和解决问题的能力在这些感官输入中得到释放，于是我们准备学习。这就是一个好老师必须是一个杏仁核管理者的第一个原因。为了创造让学生的大脑准备好学习的条件，我们需要不断地觉察并小心平衡压力源和压力水平。稍后我们将看到，一个好老师是怎样帮助学生塑造杏仁核选择哪条信息通道的：一条通道通向反应性大脑，另一条通道通向前额叶皮层。

当许多老师想要猜测导致压力大或压力小的因素是什么时，我们从 MBE 科学的相关研究结果中整理出了压力因素表。表 7-1 所示为通过功能性磁共振成像（fMRI）得出的造成和减轻学生压力的因素。

表 7-1　造成和减轻学生压力的因素

造成压力和导致反应性大脑的"战斗、逃跑或僵住"反应的因素	减轻压力并带来思考和反思性大脑反应的因素
• 无聊 • 与个人无关 • 失败经历带来的挫败感 • 害怕上课时回答错误 • 害怕口头表达 • 考试焦虑 • 身体、语言或穿着上的差异 • 感觉被学习压得喘不过气来，无法安排时间来响应学习要求	• 选择权 • 新奇性 • 幽默，音乐 • 听故事或趣闻 • 与同伴积极互动 • 行事友善 • 运动 • 乐观 • 感恩 • 做了正确的预测 • 完成挑战

想象一个学生坐在教室里或餐桌前盯着他的作业，他的杏仁核正在接受这些可能导向学习的感官输入信息的"轰炸"。老师怎么做才能限制这些好的信息被导向与学习无关的"战斗、逃跑或僵住"反应区呢？一部分影响因素来自老师布置的作业。

积极地控制无聊带来的沉闷的、不必要的但又非常真实的压力，因为这些压力是一种可怕又不合理的浪费，会导致那些本该积极投入的大脑停止运转。想办法增加学习与学生生活的相关性，这样可以提升他们的参与度和积极性。使用低风险的形成性评估来帮助学生了解自己知道什么和不知道什么，并给老师反馈来指导他们未来的教学。这些都可以帮助学生减少失败经历带来的挫败感和考试焦虑。

一部分压力的减少来自旨在减少恐惧和挫折的课堂结构和"脚手架"。这项重要工作需要老师和学校的持续反思和努力。这是构建课堂团队建设力量的一部分，就像瑞吉欧·艾米里亚教学法和响应式课堂那样。

还有一部分来自我们认识到时间管理和资源管理是学生成功的关键因素，我们不应该只是假设他们会自己以最优方式成长。

小学老师知道培养学生的这些技能非常重要，但随着学生年龄的增加，我们倾向于让他们自己管自己。不过，执行功能这样的认知技能来自大脑的前额叶皮层，而这一大脑区域一直到个体大学期间都保持着神经可塑性。所以，学生的大脑具备重塑的潜力，我们可以使他们在这些令人惊讶的重要技能方面表现得更好，这将有益于他们在中学、大学和未来的生活，并提供发展更好的可能性。研究还表明，发展执行功能的相关技能也可能有助于学生发育中的大脑调整皮质醇水平，使之更好地应对压力，甚至在遭遇毒性压力时能更好地应对。

但是，减少不必要的压力源的主要部分是使用平衡策略，这些策略可能会被用于减少由无聊、厌倦引起的压力，尽管这样做实际上可能会使压力增加，同时我们还要认识到这个平衡点对每个和老师互动的学生来说都是不同的，也是不断变化的。考虑到学生在校外的生活往往是非常忙碌、复杂、需求多或紧张的，而老师要试着在不了解全面状况的情形下支持每个学生。虽然就像我们在后文中讨论的那样，平衡压力跷跷板比这种支持更重要，但如果我们想让学生学习，给予支持也是非常重要的。

为了实现这种压力平衡，也为了创建有利于学习的课堂，我们整理了被朱迪·威利斯博士称作"多巴胺助推器"的因素，它们能提升多巴胺水平，并将感官输入的信息发送到学生进行思考和反思的脑区。老师也许会给学生一个选择（或者是精心设计的一种选择权的错觉）。也许课程从一个简短有趣、看起来和课程无关却在某一点巧妙地与课程融合在一起的视频开始。也许学生会进入一间音乐悠扬的教室，也许学生会看到他们最近的思考被可视化为图像后张贴在教室的墙壁上，也许老师帮助创造出了真正的欢笑时刻。

也许我们使用了故事。我们都知道故事很强大，是人类意义的核心之一，但随着学生的成绩越来越高，我们可能倾向于把讲故事搁在一边。千万不要这么做！讲故事和与其同样强大的"兄弟"——发现故事——可以激发学生很少用到的共情能力，让学生突然能感受一个有烦恼、有想法、有感情和有需求的人的感受，这会给他们带来改变。

同样，一些广受推崇的教学方法，如瑞吉欧·艾米里亚教学法和响应式课堂，在它们的核心中有许多这样的因素，这也是它们有效的原因之一。此外,罗恩·理查德在哈佛大学的"零点项目"中提出的"可视化思维"为老师提供了很好的工具,可以让各个年龄段的学生以更容易激活"反思性脑区"的方式进行深入思考。

压力也会影响记忆(见图 7-3)。杏仁核对压力的反应似乎对帮助我们存储重要的情感记忆起着关键作用。但是,压力会抑制日常长时记忆的形成,而长时记忆对学习来说至关重要。压力刺激大脑产生皮质醇,从而导致海马体不能正常工作,而正是海马体负责将短时记忆的内容转化为长时记忆存储。更糟糕的是,大多数人高估或者错误认识了什么是短时记忆。

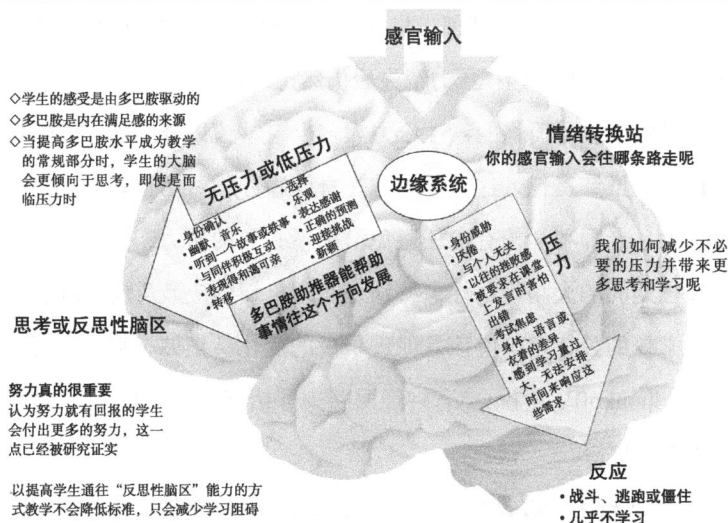

图 7-3 大脑在课堂上对高压力和低压力的反应示意图

研究表明，成年人短时记忆的极限一般为 30 秒，容量为 7 个单位，而儿童的维持时间更短、容量更少。但这不是全部真相。需要在短时间内记忆的单位越多，所能维持的时间就越短。想想一般的课堂学习，学生需要长时记忆存储的频率比我们想象的要多得多。而压力会阻碍记忆的存储，从而阻碍学习。

由于我们讨论的压力的最终影响不符合我们接下来要讨论的教学策略，因此其看起来似乎是杂乱无章的，但我们仍然用一些篇幅来分析压力，这是因为它的重要性。研究表明，长期暴露在巨大的压力下，特别是在大脑应激反应系统还处于发展中的儿童早期，会导致认知能力下降和记忆功能减弱，并且会导致一系列心理和生理健康问题，包括免疫系统的抑制、心血管疾病、糖尿病、脑卒中（中风）、抑郁、焦虑、酒精和药物成瘾等问题，而且所有这些问题都可能在压力消失后仍然持续存在。

虽然学生所面临的毒性压力大多来自学校以外的因素，但学校也不能推卸责任。这对学生的终身健康和学习乃至未来实在关系重大。老师和学校有责任避免增加不必要的压力，但考虑到学生在校期间的大脑可塑性，特别是儿童早期的应激反应系统的发展，学校的独特定位应该是促进积极的变化。正如杰克·肖可夫（Jack Shonkoff）所说："若神经回路一开始就正确'联网'，结果则可能会更好。"

MBE 科学告诉我们，一个没有压力且会乖乖做作业的普通学生，可能只能存储老师所教的 50% 的内容到长时记忆中。那么，如果一个学生长期承受着巨大压力，如家庭氛围差或者在学校被欺负，会怎样呢？他将所学知识存储到长时记忆中的百分比是多少？这是一种生理反应，而不是学生的主观选择，所以，就像在脆弱易塌陷的地基上盖房子一样，在我们找到能帮助学生调整应激状态的结构和支持之前，我们可能会采取其他干预措施来促进其学习。现在，再想想学生的终身健康，还有学生的终身学习能力。解决学生的慢性压力是国家和学校的一项艰巨任务，但做好了就是三赢。

"关心杏仁核的老师"要做些什么呢？

第一，找到减少或消除不必要的压力源的方法，这些压力源的核心是学习障碍。但要注意，我们经常陷入令人困惑的"保持严谨而导致阻碍学习"的陷阱，善于反思的老师要永远记住这一点。为老师配备掌握神经发育的工具也会有所帮助，比如，"多种心智模式"提供了定义心智和大脑技能层次的工具。它让老师可以分析与所教学科相关的神经发育需求和所热衷的主题需要的内在实际思维技能，并将教学需要的技能和评估需要的技能结合起来。

在这种三赢的格局中产生了一种可以让学生看到并认可的学术公平。它促使老师对学生提出更多样化的思考要求且所有要求都符合学科或主题，并且给学生提供了真正有深度的挑战。因此，我们"特此批准"热情且善于反思的老师深入探究你所关心的主题……这里的严谨到底是什么？你如何将自己所描绘的严谨与教学和评估时对学生的要求相结合？然后，就像威利斯博士所建议的那样，"关心杏仁核的老师"的目标是"降低前进道路上的阻碍，而不是标准"。

第二，"关心杏仁核的老师"应该使用表 7-1 所列的那些策略，帮助杏仁核选择通往反思性脑区（前额叶皮层）的神经通路。而且，年轻的大脑越这样做，这条神经通路所形成的髓鞘就越多，负责反思的脑区就越有可能在压力情境下被启用。神经可塑性还意味着学校可以帮助学生提升大脑的复原力，这一应用的前景不可限量，但这需要用心教学。MBE 科学的研究为我们提供了更多发展大脑复原力的策略，我们将在下文中介绍。

第三，研究表明，良好的自我组织能力和执行能力可以帮助孩子更有效地应对压力，所以，优化教学和评估模式从而有意地培养这些技能对孩子是有益的。大脑最核心的脑区是前额叶皮层，其可塑性对进入成年早期的个体来说意味着，与只是抱持一种"他们应该擅长这些"的态度相比，对所有学校都更有益的是花时间帮助学生发展更强大的组织和计划能力。

现在，请想象一个学生从事了你为他选择的职业，想象他在医学院或法学院工作且工作要求较高。拥有高超的组织和计划能力，以及对自己的能力充满信心，对他有什么帮助呢？对一名老师来说，这绝不是白费功夫。

第四，杰克·肖可夫的研究表明，如果压力发生在具有支持性的环境中，那么一定程度的、可承受的压力可能有助于提升孩子应对压力的能力，毕竟在这种环境中，孩子们知道自己可以向安全可靠的人求助。一定程度的压力是指造成压力的事件持续时间不长，强度不大，发生得不频繁。这就给优秀的老师提出了三项额外的任务。

（1）找出那些能够产生肖克夫所说的"可控的严重程度低的逆境"的教学、项目和作业，这些"逆境"已经被证明可以作为一种"压力免疫"的形式，提高学生未来的复原力。当然，有关联、有选择且有意识地帮助学生提高执行能力，同时考虑所要求的神经发育技能的多样性和真实性也很重要。

（2）鼓励老师和学校管理者创造支持性的环境，让每个学生都感到安全、被倾听并感到与他人联系紧密，让他们都知道自己有安全、可靠的关系可以求助。罗恩·理查德用"文化熏染"这个词来描述学校里的所有因素，这些因素加起来让学生产生"学校是思考的地方"的感觉，他们可以成为这里的思想者。

我们优秀的同事、国家董事多样性研究所（National Diversity Directors Institute）创始人罗德尼·格拉斯哥（Rodney Glasgow），在表 7-1 的压力列表中增加了以下两个关键因素：身份威胁对导致压力的作用，身份确认对减轻压力的作用。这样就将教育领域目前围绕多样性、公平、包容和归属感的所有工作与 MBE 科学联系起来，这种尚未充分建立的联系必须且必然会越来越紧密。另外，还必须考虑所有形式的暴力和欺凌对压力和学习的影响，因为情绪和学习是不可分割的（如前文所述，慢性压力的影响是如此显著）。

2014 年，圣安德鲁圣公会学校和领导国际研究学院的哈佛大学教育研究生院的研究人员联合进行的一项研究发现：圣安德鲁圣公会学校的学生的幸福感与内在动机有关，而不是外在动机，即快乐来自任务本身的价值，而不是外部奖励。

研究还发现，幸福感与学习成绩相关。学生们的回答显示，与老师和管理人员的关系对他们来说几乎和与同龄人的关系一样重要，这两个因素都是影响幸福感的主要因素，进而影响内在动机和学习成绩。

当然，这不是偶然发生的。我们将它作为一个案例进行强调，是为了说明当我们关注我们所创设的环境、教育和学习类型及专业发展的类型时，可能会发生什么。

（3）提高"关心杏仁核"的老师平衡压力跷跷板的能力，压力不能太大，也不能太小。当然，压力的跷跷板因人而异，也因时而异。所以，老师必须确保每个学生都处在我们所说的其"最近不适区"（zone of proximal discomfort）——对于当下的这个学生，什么压力水平最合适，老师能做些什么来平衡他的压力源？

"最近不适区"概念是戴维·戴蒙德（David Diamond）根据心理学家罗伯特·耶克斯（Robert Yerkes）和约翰·多德森（John Dodson）的唤醒 - 表现关系曲线（耶克斯 - 多德森曲线）而提出的，该曲线描述了被观察到的应激唤醒（包括紧张、焦虑、压力等）和行为表现之间的关系（见图 7-4）。我们主要是用来帮助老师把平衡压力跷跷板的任务形象化。研究告诉我们，在促进学生学习方面，没有什么比老师的素质更重要的了。

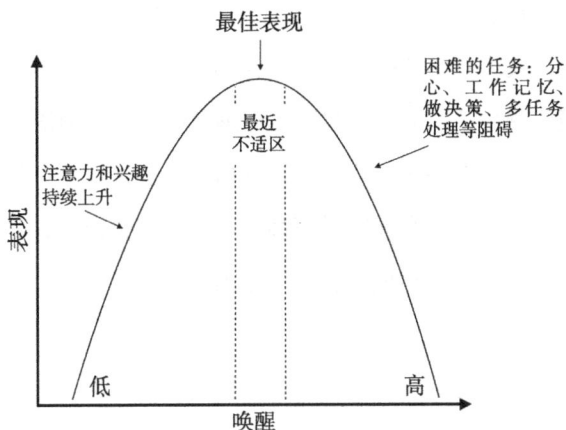

图 7-4 最近不适区和耶克斯 - 多德森曲线

注：耶克斯 - 多德森曲线自 1908 年问世以来就一直备受争议。虽然它似乎并不适用于所有的认知任务，但戴蒙德等人认为它适用于"复杂"任务，即涉及前额叶皮层的任务，因为前额叶皮层是执行功能和更高级认知的发源地。"复杂"任务包括老师给学生布置的大部分任务，尤其是那些会给他们带来压力的任务。

即使我们只关注平衡压力跷跷板的任务，让每个学生都处于最近不适区一点也不奇怪。想想一架天生不稳定的现代战斗机，它想从空中俯冲而下，它的电子大脑每秒从周围环境中读取数以百万计的数据，并基于它学到的飞机系统如何运转和如何在空中停留的知识，进行数以百万计的计算和决定。这就是"关心杏仁核的老师"！

最后，也许是最重要的任务，也可以说是最简单的方法，就是去做！和学生们聊聊压力，给他们展示图表，向他们解释大脑边缘系统的作用，以及告诉他们神经可塑性使他们有能力重塑大脑，使他们拥有更强的复原力和学习力。这样的对话将进一步揭开学习及其复杂性的神秘面纱，继而在这段旅程中给予他们帮助。

然而，大多数学校的理念都非常相似，无论在内容上，如强调"环境""挑战""责任"和"终身热爱学习"等词语，还是事实上，几乎没有老师知道这些词语的内涵。也许你所在的学校的理念是"让学习变得有趣"。但我们都知道，这听起来很不现实。也许你会想到教室角落里放了一台冰淇淋机，现在让我们把它拆掉吧！

要想让学习变得有趣，就需要让它具有挑战性。简单的事物很快就会变得无聊，毫无乐趣可言。如果学校管理者和老师们一直努力创造一种文化，让所有学生都感觉自己被了解和尊重，并且如果这种文化让学生信任身边的成年人和同伴，学习就可以更具有挑战性，因为学生更愿意冒险，可能是想法上的冒险、行动上的冒险或仅仅是被动的冒险。

当学生知道自己正在完成一项颇具挑战性的任务时，他们会觉得这很有趣。但这项任务是变革性的，因为它是被精心设计出来的，具有内在的激励作用，而且学生信任身边的环境。乐趣来自挑战和环境，乐趣来自优秀的老师，乐趣来自学习氛围浓厚的学校，虽然这种学校会给学生压力，但也有"关心学生的杏仁核"的老师精心平衡压力跷跷板。

思考题

1. 不回看本章内容，你从本章中学到的三个突出观点是什么？

2. 读完本章后，你想做哪两件事？

3. 读完本章后，你想问什么问题？

第 8 章

记忆 + 注意 + 参与 = 学习

人类在两个方面非常独特，一方面是拥有学习他人经验的能力，另一方面是彻底无视这种能力。

——道格拉斯·亚当斯（*Douglas Adams*）

让我们先谈谈先验知识。回忆、应用和连接先验知识的能力对深度和持久的学习至关重要。了解先验知识是解决有意义的问题的重要部分。但是我们如何有效地帮助学生建立他们自己的先验知识体系呢？

在美国一所著名的私立学校举办的研讨会上，我们了解到，科学系在上一学年想出一个绝妙的主意，即用本学年开学考试取代传统的年终考试。学生们知道这是迟早的事，也知道这次考试的分数很重要，但正如所料，考试结果非常糟糕。我们怀疑，这个"故事"的唯一亮点是上述老师的勇气，他们真的这样做了。对大多数学校的大多数班级而言，实施这样的考试也会获得同样的结果。许多老师听过这句话："因为要考试，我才学习，考完就忘了。"显然，我们常常看到和进行的"学习"是有些问题的。

学习是什么？加州大学洛杉矶分校的认知心理学家考特尼·克拉克（Courtney Clark）和罗伯特·比约克（Robert Bjork）给出了一个能帮助我们重新定义教学本质的重要对比——"学习"与"接受知识"的区别。教育的一个主要问题是，我们总认为我们是在促进学习，而实际上很多学校的教学是围绕促进和评估学生对知识的接受能力展开的。

对知识的接受能力反映学生当前的表现，但不能说明潜在的持久学习是否已经发生。克拉克和比约克认为，当前对知识的接受能力很好——能够回忆起最近获得的知识——并不意味着"学习"有效。接受知识的能力是不稳定的，所以学生之后可能又无法回忆起这些信息，即持久学习可能没发生。克拉克和比约克还认为，反之亦然，学生目前可能仅仅是回忆得不好，并不意味着学习没发生："即使当前的考试成绩表明学生进步很小，甚至没什么进步，他们也是可以学习的……总而言之，当我们追求长期学习时，当前对知识的接受或死记硬背并不是一个可靠的衡量课程有效性的指标。"

当前对知识的接受并不是学习的可靠指标，这一观点对我们如何规划一个学年的学习流程、如何评估长期学习，以及如何指导学生学习有着深远的影响。

老师的角色是构建学习评估体系，但目前的趋势是给学生的每一次学习打分，这表明所做的评估多是评估当前接受知识的水平。一旦我们认识到这与长期学习不同，我们就应该改变做法，既要提倡使用促进持久学习的方法，也要构建用来衡量持久学习而不是接受知识的能力的评估体系。然后，关于我们已经讨论过的话题，把学生从无休止且孤注一掷的成绩测验中解放出来，这种测验应该被低风险的形成性测验取代，我们相信测验的主要作用是给老师和学生关于下一步应该采取什么步骤的反馈。

这意味着，学习——真正的学习——可能需要一段时间，我们需要给学生空间来完成它。这一点尤为正确，因为研究表明，犯错是形成记忆的关键部分，而引入克拉克和比约克所称的导致学生犯错的适度挑战，是比无错误学习更有效的一种创造持久学习的方式。

但是，由于我们作为老师的新目标是创造"错误的学习"，我们需要重新思考如何或是否给这些错误步骤打分。也许我们根据结果给学生很低的分数，也许根本不给分数。无论我们怎么做，我们都必须找到方法，让学生在持续学习的过程中犯错的同时，继续留在学习的"游戏"中。考虑到在通往同一终极学习水平的过程中，有些学生可能比其他人更容易犯错，所以对这一过程进行处罚似乎是不公平的。

好消息是，来自 MBE 科学的研究对发展持久学习提出了建议，如间隔学习、交替学习和测验。除此之外，还有其他有助于培养学习兴趣的策略。在第 9 章中，我们将讨论衡量持久学习的评估方式。但首先，让我们看看一个普通学生是如何学习的。

为了准备考试，许多学生反复阅读课本或课堂笔记，还经常使用彩色荧光笔做标记，但这只是创造了一种学习的错觉。它保持了当前较高的接受知识的能力，但没有提升持久学习的能力。这种方法带来的熟悉程度给了学生一种虚假的安全感。这种反复阅读通常发生在考试前一两天的疯狂学习中。同样，这也只是有助于接受，而无益于学习。但没关系，因为在现实中，学生通常只需要记住这些信息 24 小时，然后就可以愉快地遗忘它们。

罗伯特·比约克和伊丽莎白·比约克（Elizabeth Bjork）认为，当学生接受知识的水平很高时，很难增进基础学习。增进基础学习的关键是适当增加难度。

如果能降低对知识的接受水平，学习者就可以在基础学习中收获更大。在学习中增加困难，从而降低对知识的接受水平，使学习者的手边有要学习的材料的体验消失。通过随后的练习来克服困难会使学习更有效，并使学习者达到一个新的、更高的学习水平。

这就是间隔学习、交替学习和测验所做的。接下来，让我们深入地讨论这些内容。

间隔学习

老师要指导学生间隔学习，而不是大量学习。这样做有助于巩固长时记忆。当学生发现这种策略确实有效时，他们可能会独立进行，但在此之前，他们需要老师的帮助。这意味着，老师要给学生提供框架式学习指南、复习机会和获得复习反馈的机会，所有这些都需要充足的时间。

老师需要给学生留出时间进行复习。如果给学生布置了阅读、写作、问题集和活页练习题等家庭作业，那么他们哪有时间进行所需的间隔复习呢？所以，在接下来的几天里，复习被挤在一起也就不足为奇了。老师需要将时间安排给真正重要的事情。

另外，负责制订和执行计划等执行功能的大脑前额叶皮层直到 25 岁左右才充分发育。在此之前，大脑具有很强的神经可塑性，并且一定程度的神经可塑性将持续终身。这意味着：

1. 学生现在不善于组织，但以后会；

2. 这不是学生的错；

3. 我们有力量也有责任帮助他们获得这一能力；

4. 我们既可以保持高标准，又可以帮助学生完成这些基本学习任务，这二者不是对立的，而是完全可以共存的。

交替学习

这是一种融合问题和教学主题并从年初开始持续全年的学习方式。或者换一种说法，学习一点这个，再学习一点那个，然后再练习一点这个。这有助于巩固长时记忆，并达到持久的学习的目的。尽管所有老师都抱怨他们的学生对应试学习资料抱着一种"一步到位"的学习态度，但我们却倾向于借用这种"一步到位"的想法倡导交替学习。

因此，老师们需要从心理上重新调整学年的学习流程，反复复习旧的内容，或者"这学一点，那学一点"，不断在彼此关联的主题间来回切换。年初的学习材料将被用于评估，老师先是提供脚手架式的复习支持，然后随着时间的推移逐层拆除脚手架并进行评估。如果这让评估更难进行，那就这样吧。创造持久的学习是正确的，我们必须相信老师的专业能力，在这种新的学习模式中老师仍然可以公平地"打分"。

测验

研究表明，试图回忆信息的行为有助于记忆的形成。因此，测验是创造持久学习能力的重要手段。老师们通常会因果颠倒，认为测验是评估学习的唯一手段。但是，测验不仅是评估学习结果的手段，其更大的作用是创造持久学习的能力。在这方面，测验有很多种不同的应用方式。

自测

经典的闪卡学习法认为，盯着空白卡片努力回忆是记忆最关键的一步，即使你无法记住信息，然后检查自己是否记对。调整思维很重要，但成功的学习都源于努力回忆的行为。我们认为，许多学生都理解错了，当大脑刚一片空白时，就立即翻看卡片，这表明了学生一般是如何看待自测的。

尝试在白纸上写下所有你想到的与所学主题有关的内容，制作并正确使用闪卡（重在回忆而不是阅读），试着做复习题或给别人讲解与主题相关的内容。这些基于自我测验的主动学习比重读笔记或课本等被动学习更好。重读会使人产生一种对单词和短语更加熟悉的错觉，这会导致学生认为自己对材料的掌握程度比实际的更高。与重读相比，自测可能会让学生感觉更困难、更消耗精力，但研究和我们的经验表明，自测将大大提高学习的持久性。
这是本章中最有力的策略之一。

预先测验

研究表明，以预先测验开始一个单元的学习有助于创造更持
久的学习。它似乎让学生更容易记住后续的信息。当然，这个测
验不应该被评分，即使评分，也应该根据努力程度而不是正确度
来评分。预先测验的另一个目的是让老师了解班级的总体水平，
以及每个学生已经掌握了哪些知识，这样老师就可以给学生量身
定制后续的课程，以最适合班级的需求。

其中重要的是要避免无聊，并且避免跳过基础知识，因为这
可能会妨碍学生未来的学习。这是两种常见的不利于学习的情况。
此外，当学生注意到并理解这种可靠的尝试时，会有助于提升他
们的参与度和主动性。

形成性评估

形成性评估可以说是随堂测验的现代版。研究表明，频繁的
测验有助于巩固和唤起记忆，但这些测验应该是形成性评估，要
么不用或少用分数，要么根据努力程度评分。"形成性"意味着帮
助形成记忆，而不是评判记忆。经常使用形成性评估和预先测验
会使学生对这些评估的目的的认识发生重要转变，他们会意识到
这些评估的真正目的是帮助他们学习。

学生们会频繁得到关于他们知道什么和不知道什么的真实反

馈，以及关于他们目前的专业水平的定期反馈。他们可以以此来指导自己未来的学习：哪些主题需要更多的研究；向老师提问的时候应该问什么（很多学生真的不知道怎么提问）；哪些内容其实自己已经掌握，不应该在哪些方面浪费更多宝贵的时间。

另外，在元认知方面，形成性评估可以帮助学生了解：哪些学习策略似乎有帮助，哪些策略对自己没有用，以及对此可以做些什么，可以尝试其他哪些策略，谁可以提供帮助。

学生们会认识到，形成性评估的目的是为以后的总结性评估做准备。这个过程具有周期性特质，即尝试、反馈、再尝试、再反馈……只要耐心地付出努力，学生就确实能够学会。这不同于在学校常见的传统分数测验模式，该模式会激发一种必须立即学会的心态，如果没有立即学会，在某种程度上你就是一个失败者。

形成性评估的另一个好处是能给老师反馈班级总体的表现和学生个人的表现，这样老师就能相应地改变教学工作或节奏。而且，和预先测验一样，这种向直观响应式教学法的转变有助于提高学生的参与度和主动性。使用形成性评估代替突击测验或高风险测验是本章中另一项有效的策略。

MBE 科学的研究表明，还有更多提高学生记忆能力的策略，如首因效应和近因效应、艺术整合。

首因效应和近因效应

学生们最容易记住的首先是上课开始时发生的事情，其次是一节课快结束时发生的事情，如第 6 章中讨论的和图 6-2 所示。在课程的中段也有学习发生，绝不是在浪费时间，而是需要更多的努力。所以，老师不要浪费宝贵的课程前段时间去做检查作业等日常活动。

一节课的中段时间可能有利于让学生以某种方式运用新获得的知识。课程结束时间段的价值往往被低估了，所以在下课铃声响起前千万不要匆忙结束，而是要做好计划，将它变成一个能让更多学生记住你所讲内容的关键时刻。用斯蒂芬·科尔伯特（Stephen Colbert）的话来说就是："下课策略，自有一套。"

艺术整合

研究表明，艺术整合，即将艺术作为其他非艺术课程的日常教学方法，有助于创造持久的学习，激发学生学习的主动性。同时，这也是一种精心设计的评估方法，鼓励持久的学习而不是死记硬背。这一想法与另一项关键的被 MBE 科学研究证实的策略有交叉，即以多种模式进行教学和评估。

对学生来说，以这种方式学习可能比以暂时的死记硬背为目标更难。但研究表明，这种努力的回报是学生由此产生的学习将更持久。在引导学生使用这些方法上，老师扮演着重要的角色，

其目标是让学生在自主学习时运用这些方法。老师有责任让学生深刻地认识到应该使用这些方法。因此，

- 老师需要提供激励持久学习和抑制死记硬背的评估，我们将在第 9 章中对此进行深入探讨；
- 老师在教导学生为什么要采用这样的教学和评估方法上扮演着重要的角色，用精心挑选的 MBE 科学知识武装学生，可以让他们在学习上走得更远；
- 老师需要在整个高中阶段，对持久学习的策略进行主动、积极的指导——记住，在这里起重要作用的前额叶皮层在整个大学期间都保持着显著的可塑性，所以我们有责任提供环境和经验来帮助学生最大限度地发挥他们的能力。

　　老师必须为优秀学生、良好学生及那些学习有困难的学生这样做，因为这些策略对所有学生都有效。例如，如果我们能帮助学生更有效地记忆，那么即使帮助他们每晚只节约一小时，都将是重大的胜利。记住，不要把更难和花更长时间相混淆，这些学习策略可能让人感觉更费力，但实际上获得相同学习效果所花的时间可能更少。

　　此外，自测应该帮助学生意识到，什么时候因为已经形成了长时记忆而没有必要再学了，或者什么时候即使学习也是徒劳，必须请教老师以加深理解。学生意识到这两点都会为他们节约时间。

- 老师有责任为学生提供机会，让他们反思使用不同策略是起作用的。在测验结束时提几个问题是一种有效的方法，可以捕捉到真实的瞬间，这往往来自测验导致的脆弱时刻。
- 在指导家长如何在家庭中给予学生最好的支持方面，老师和学校都发挥了作用。

如果说艺术整合的学习方式对学生的要求更高，那么更需要老师有目的地激发学生参与。很多时候，老师似乎总认为自己教得这么好，任何一个头脑正常的人都应该能够看到这一点，并满怀热情地投入学习中。

有些学生学，有些学生不学，那好吧。我们的课程这么棒，他们本应该学的。事实上，我们如何教并不重要，课程的内在魅力自会闪耀，驱使"理解其魅力"的"好"学生做得更好，这让我们想起了电影《春天不是读书天》（*Ferris Bueller's Day Off*）中最令人难忘的教学片段。刚才描绘的场景可能听起来很滑稽，但我们认为，目前非小学阶段的教学和这一描述太像了。

MBE 科学研究告诉我们，没有主动的认知参与，学习就不会发生。（"参与"一词可能存在翻译问题，并且已经造成了一些困惑：在美国，"参与"往往用来指深度的、主动的参与，而在英国，"参与"意味着只是表现出忙于做某事的样子。）

当我们考查神经可塑性的概念时，有意识地创造深层且主动的认知参与，其真正力量才会显现。研究告诉我们，遗传对能力有显著影响，但我们的大脑会根据所处环境及与环境的互动而不断地调整。我们的经历、去过的地方、参与过的活动都会不断地塑造我们的大脑，这被称为"神经可塑性"。有足够多的研究证据佐证它是一个"科学事实"。而神经可塑性的黄金时段正好是我们上学的时间段，所有上学的时间段都是。

学习可以重新组织大脑特定区域神经元之间的连接。每个神经元都与其他神经元高度连接，但当我们学习时，这些连接中只有一些会被激活，其他的则不会被激活。久而久之，那些经常被激活的神经连接将被加强，而那些没有被激活的神经连接将被削弱或剪断，即"要么使用，要么失去"。因此，学习经历塑造了神经元组织，这被认为是记忆的基础。

随着时间的推移，经验对神经元组织和神经连接的累积影响就是我们所说的学习。不管我们是否承认，老师和学校在学生的神经重塑中起着重要的作用，因为他们主导学生的大部分经历，不仅仅是在正式的学习环境中。因此，尽管有重要的遗传因素影响，学生的能力也不是固定不变的，而是由他们所拥有的学习经验塑造且不断发展的。这种发展有助于促进他们的学业成就。因此，我们的目标是让老师、学校管理者和家长对学生的神经重塑产生积极的影响。

其基础是积极参与。研究表明，若无积极参与，这种神经重塑和加强及关键的神经可塑性就不会发生。正如克里斯蒂娜·辛顿、库尔特·费舍尔和凯瑟琳·格伦农（Catherine Glennon）所说的那样，"从教育的角度而言，这表明被动地坐在教室里听老师讲课不一定能带来真正的学习。"

参与是学习的基础。因此，老师必须创造促进学生主动参与的机会。MBE 科学的相关研究给出了一些建议。

- 确保你的学生感到自己能被倾听、被关注、被理解。

  研究表明，老师意识到学生的情感需求对于培养主动性很重要，也是学习的关键组成部分。此外，来自美国青少年健康纵向研究中心的研究表明，学校的联结性和青少年的风险行为之间有很强的联系。

- 设计你的课程，以让学生看到生活的意义、相关性或情感联系，并积极帮助学生建立这些联系。

  研究表明，这样做可以使学生集中注意力，提升他们的参与度和学习效果。

- 积极、努力地为学生提供能帮助他们获得身份确认的经验和环境，并消除可能导致或增强身份威胁的因素。

  研究表明，身份威胁会产生抑制学习的毒性压力。相反，身份确认有助于提升学生的参与度和激发他们的主动性，从而获得更好的学习效果。

- 学生们要知道"努力最重要"，并且大脑有自我重塑的能力。指导你的学生，刻意的努力可以重塑大脑，从而提高学习成绩。

  研究表明，具有成长型思维的学生相信"努力学习能提高智力水平"，他们确实很努力。"如果一个学生认为智力的关键在于努力程度，那么他就更有可能主动努力，尝试困难的学习任务，并在面临挫折、困惑和失败时坚持下去。"把成功与努力而不是聪明联系起来，这是帮助学生学会坚持的关键。

- 学生需要了解大脑的解剖结构，特别是前额叶皮层、杏仁核和海马体在学习中的作用。教授你的学生这些知识。

  教授学生大脑运作的机制，并教授他们可以让大脑更有效地工作的方法，有助于让学生相信自己可以塑造一个更聪明、更有创造力和更强大的大脑。

- 为学生提供个性化的学习目标。

  这样做可以让学生掌控自己的学习。

- 你的教室是什么样的？它是否充满乐趣，并且不会让人过度兴奋？它有什么改变吗？你会展示学生最近的作品吗？你会创造新奇事物吗？班级的重要目标是否明显地展示在教室的前面？

  研究表明，富有趣味和时常变化的教室装饰与学生的注意力和参与度相关。

- 以多种方式进行教学和评估。改变教学方式，以更好地适应教学内容，而不是照顾个别学生的学习风格。

  这样做可以提升学生的参与度，加深理解，并且巩固学习的效果比传统测验更好。

- 给予学生作业反馈时，要快速且只提供粗略的反馈，让学生有时间努力纠正错误，而不是简单地标记对错，甚至给出答案。

研究表明，及时的反馈可以提升学生的参与度，加深学生对学习材料的记忆，提高学习成绩。相较于简单地给出答案或让学生自己思考并寻找正确答案，脚手架式反馈能够更好地帮助学生记忆。允许学生重做作业可以提升他们的参与度、激发他们的主动性和提高学习成绩。

- 学生需要更多对自己的学习策略和学习成绩进行元认知反思和思考的机会，所以老师要创造反思时刻。例如，在老师每次进行评估之前，让学生思考他们将如何学习，以及他们的大脑需要什么样的评估。在每次评估结束时，老师要求学生回答一些反思性的问题，如关于他们的学习方式，应用该方式的学习效果，或者他们认为自己的学习成绩如何。

研究表明，反思有助于元认知，并与提升参与度、主动性、长时记忆存储和学习表现有关。结构化反思活动有助于学生形成个人元认知工具包，帮助他们成为更独立的学习者。老师可以提供有关元认知策略的明确指导，并且在自己的课堂上大声地模拟元认知过程。反思和元认知也能有效应用在小学阶段。或者老师可以在课堂的最后几分钟使用"出门卡"，要求学生回忆课堂上的内容并提问，如"今天下课后你还有什么问题"。日志记录或档案评估也可以作为反思的具体体现方式。

- 为学生提供科目和评估方式的选择权。

    为学生提供选择权与他们的参与度和学习成绩密切相
  关。此外，"拥有掌握性思维的学生……更有可能选择更困
  难却更有益的方式来展示学习成果。"

- 学生需要有通过视觉和表演艺术来传递知识的机会，所以
  要把艺术融入非艺术科目的核心内容，以加强学习。

    艺术整合通过让学生综合和重新整理想法而产生知识转
  移，这有助于巩固长时记忆和提升参与度。

- 积极地以适龄的方式使用游戏，帮助学生逐渐提升参与度。

    游戏对每个学生的社交、情感和智力发展都至关重要。

我们认为这些策略最引人注目的一点是它们本质上都很简单。
MBE 科学的研究将继续提供更多策略，不过，即使只有上述这些
策略可供老师使用，但由于它们能提升学生深入且主动的认知参
与，也将会促进学生的学习。

记住，神经可塑性意味着学习环境的性质会影响大脑的重新
连接。上述策略清单非常简单，却可以使学生的学习成绩产生巨
大的变化，并对所有学生都适用——优秀学生和良好学生及学习
有困难的学生。甚至，这些策略改变的不仅是成绩，它们还能培
养更高效、更自信和更独立的学习者。

提高持久学习的记忆策略的列表呢？这些方法也很简单，还
会有助于培养有更高成就、更高效、更自信和更独立的学习者。

记忆 + 注意 + 参与 = 学习。因此，这是我们从 MBE 科学领域的研究中获得优秀教学新定义的入口。我们希望你能看到这个入口，看到这些简单又容易使用的策略，其中一些已经被老师们视为重要策略。我们认为，回避它们才是真正的不合理。

还有最后一点需要重申，那就是情感联系对于培养参与度和内驱力的重要性，我们在第 7 章中讨论过这个话题。MBE 科学领域的研究一劳永逸地解决了所有争论，给出了最终结论：情绪与学习密切相关。我们是从对大脑如何工作的新认识中得知这一点的。在通往持久学习的道路上存在一扇情绪之门，而老师会影响这扇大门是否敞开，不管他们是否承认。

无论我们认为自己教的科目有多重要，我们设计的课程有多棒，如果没有与学生建立情感联系，学生就不可能持久学习。"向学生授课"和"授课"之间有显著区别，前者意味着老师每时每刻为班里的每一个学生授课。

注意

本章的标题本来是要重复"注意 + 记忆 = 学习"这个常见说法的，但我们一直想避免这个说法，一部分原因是大众对"注意"这个词有误解，另一部分原因是创造深入且积极的认知参与是老师要做的重要事情。

谁对学生的注意力负责？老师。有人在我们的一场研讨会上说，他的母亲是一名老师，并告诉他课程的 90% 是纪律。学生的大脑总是在关注一些可能不是老师想让他们关注的事情——我们认为，好的教学就是把这些可能出现的关注转换为对教学有益的关注。

通常，我们认为注意与尊重和自我控制有关，但在神经科学领域，"注意"指的是一个半自动的大脑系统，它帮助人们管理进入大脑的不一定受控制的信息流。我们的大脑不断受到来自所有感官输入信息的"狂轰滥炸"，这些信息远远超出了大脑的处理能力，而我们的注意系统帮助控制这些信息流，从而避免混乱。注意系统有助于分配大脑有限的处理资源，降低我们对干扰信息的敏感度，提高我们对重要信息的敏感度。

当然，每个人在这方面的能力各不相同，而且感觉也各不相同。例如，有些人擅长过滤干扰信息，但不擅长提升他们对重要信息的敏感度。这样的学生可能会老老实实地坐在教室里，跟随老师的每一个动作，但不一定能听懂老师讲的内容。

反之，一个学生可能不擅长过滤干扰信息，所以他可能会在课堂上动来动去；但他可能善于提升自己对重要信息的敏感度，所以即使这个学生总是走神，但他可能真的听懂了老师讲的内容。总之，即使学生在你的课堂上"全神贯注"，他们有许多尊重老师和礼貌的听课行为，也并不意味着神经科学领域所定义的对持久学习至关重要的"注意"在你的课堂上出现了。

实现真正"注意"的方法是使用聚焦于提升参与度的教学和评估方法。对着一屋子仰着脸彬彬有礼的学生讲课、测验、考试，这种经典教学模式可能对一部分学生有效，但不是所有学生。这主要是由于他们的大脑注意系统的差异,虽然它受到神经可塑性的影响,但是他们无法控制自己的注意系统,因为他们没有一个心理开关可以轻轻一按就让自己专心学习。这种经典的教学模式一年四季都在重复,可能会给人一种教学质量良好的错觉,但我们认为这不是好的教学。它可以存在,但只是作为丰富的教学方法中的一部分。我们认为,学习的关键在于深度且主动的认知参与,而不是注意。

思考题

1. 不回看本章内容,你从本章中学到的三个突出观点是什么?

2. 读完本章后,你想做哪两件事?

3. 读完本章后,你想问什么问题?

第 9 章

老师应如何评估学生

一个简单的学习理论：学习发生在人们必须努力思考的时候。

——罗伯·科（*Rob Coe*）

你的评估准备、评估过程和评估后续的所有工作会促进你的学生努力思考吗？它们具有挑战性是因为它们迫使甚至哄骗学生努力思考，还是因为花了学生大量的时间？如果答案是在这两者之间，你会把答案放在两者连线上的什么位置？

格伦曾经在美国新泽西州布莱尔中学（Blair Academy）[①] 工作，那里的一位前历史老师禁止学生将总结性评估作为测验或考试。相反，他要求学生把对历史理解的评估描述为"学习机会"。当学生们面对考试和小测验时，一些不可避免的压力会影响他们的成绩，至少在他们的脑海中，考试成绩会影响他们能否进入大学；而"学习机会"这个词是这位老师经过深思熟虑后做出的选择，这是一种可以减少学生考试压力的有趣方式。

格伦也为他的学生选择了类似的词汇，但基于的原因不同。如果设计合理，并且结合心理学研究，评估实际上是学生的主要学习机会和巩固长时记忆的机会。但这要求教育工作者更全面地

---

① 一所位于美国新泽西的中学，以优秀的大学预科教育而知名，常被译为"布莱尔学院"，为了便于读者理解，在此译作"布莱尔中学"。——译者注

考虑评估问题，并着眼于研究应该如何指导学生为学习机会做准备、如何参与学习过程并反思他们的学习表现（见图 9-1）。

图 9-1 "公平"评估

注：在一幅著名的教育漫画中，一只狗、一只海豹、一条鱼、一头大象、一只企鹅、一只猴子和一只鸟站在老师的课桌前，老师说："为了公平起见，大家都要参加同样的考试：爬上那棵树。"

学生们经常把"填鸭式学习"作为首选的学习策略，然后完全将评估抛诸脑后，开始下一项学习任务。现在，我们从研究中知道有更好的方法，但它还需要教育工作者以不同方式深入思考学习机会可能是什么样子。从研究中我们知道，有很大的空间可以进行有深度的探索。

像大多数老师一样，我们热爱自己所教的学科，希望我们所教授的内容能够超越结束一个单元后的总结性评估，或者超越强制性的考试。因此，我们往往会在备课过程中倾注极大的热情。但当我们实际开始教学时，可能又回到了传统方式，也许我们以为自己的"教学英雄"一贯都是正确的。例如，我们可能会发现自己在考试前两天发给学生 50 个单元的复习表，并让学生自己去想如何学习它们，而实际上只有其中一小部分内容会出现在考试中。

考试结束后，我们给学生评分，帮助他们批改试卷上的错误答案，然后在进入下一单元之前把答案发给学生。或者我们可能会给学生一个"惊喜"测试，而不管他们是否准备好了，这可能会削弱一些学生分享他们所知道和理解的内容的能力。目前的研究告诉我们，这些策略并不是巩固长时记忆的良方。没错，这些做法可能在某些时候对一些学生甚至我们自己是有效的，但这些学生所占的比例并不高。

毫无疑问，老师需要知道学生对每一节课的陈述性知识和程序性知识都了解多少。我们坚信，正是因为学生在每个学习阶段都获得这些基础知识和技能，他们才能够在未来胜任更多创造性任务和更高层次的思考任务。所以，评估学生知道什么和能做什么，对于思考课程下一步的发展方向很重要，这本身也很有价值。学生需要掌握的内容和技能可以由国家和地区规定，或者也可以由在课程设置上有更多自主性的老师和学校管理者规定。

但如果你真的想了解一所学校的创新程度，就看看它在评估方面的想法和做法。对学生来说，仅仅是想到评估就会感到有压力吗？老师们是否严重依赖高风险的选择题和钟形曲线生成的测试？如果情况是这样的，这可能是在提醒我们，在得到伟大的 MBE 科学研究的支持之前，我们对自己所在学校的评估工作给予了过高的评价。或者当老师们在进行支持深度和持久学习的新评估形式试验时，学生们是否表现出放松和投入？如果答案为是，这暗示着可能有另一种更有效且更高效的评估方式。

很多时候，老师在评估方面的考虑太狭隘，只是让学生自己去想如何最好地学习他们需要知道的东西。然而我们认为，学生如何为评估做准备和反思自己的表现才是最重要的学习机会，但这往往被忽视了。有时，老师对学生的指导仅限于如何应付考试。而且，在学生学习一种理念和一项技能的时候，听老师讲和自己去检索并应用它们所产生的效果天差地别。

如果在进步过程中不进行自我反省，老师和学生就会错过从错误和成功中学习的最佳机会。因此，本章提供了评估的四大规则（见图 9-2），其中包括六个关键因素：（1）更频繁的形成性评估；（2）让每个学生使用主动回忆技能进行刻意练习；（3）评估前、评估后的反思与元认知；（4）总结性评估设计，包括各种与学科相关的大脑需求，在适当的时候可能包括学生的选择；（5）脚手架式反馈和基于反馈的实践机会；（6）将新旧知识联系起来的知识闭环或知识螺旋。你会注意到，对一些人来说，老师是行动的直接代理人，而对另一些人来说，老师的作用是影响学生的行动。

360° 评估

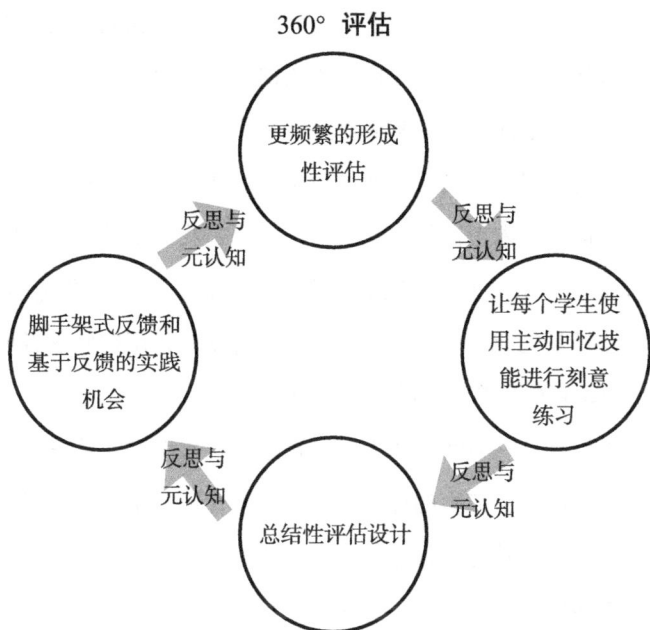

图 9-2　评估的四大规则

　　显然，传统的评估学习的方式仍有一席之地，这些评估可以帮助学生准备各种标准化考试。然而，我们相信，通过研究，老师和学校管理者可以发挥重要的领导作用，将基础教育评估从单纯的短期措施转变为教学过程的重要组成部分。在这种评估体系中，学习变得个性化且更具适应性，鼓励学生采取一种专注于发现和参与的心态，而不是评级和考试分数。最重要的是，在这样一个评估体系中，教育、学习和考试之间的界限消失了。

　　这种关于评估的思维转变是所有学校面临的核心问题。研究表明，当学生关注知识的掌握程度，而不是关注考试中的表现时，他们的内在学习动机会显著增强。

今天，越来越多的学校采用新的评估形式。我们教授的十年级历史课就是一个例子。在这个历史课程中，学生不用参加典型的期末考试，取而代之的是面对这样一个问题：什么样的期末考试最能帮助你展示你在这门课上学到的东西？学生根据自己的反思，自行选择期末考试的形式。一种选择是我们很熟悉的传统方式，即让学生在两小时内完成一系列选择题、分析题和论述题。另一种选择是完成"历史学家头像"的拼贴，并用这些学者说的话来回应课程中的基本问题。

每年都有 60%～80% 的学生选择通过拼拼图和阐述学者的观点来展示自己理解能力的评估方式，尽管在涉及更高层次思考和执行功能方面的技能时，这种评估方式对学生的要求更高，而且也需要更多的时间。那么，为什么还有这么多学生选择这种方式呢？我们认为是因为它新颖、生动且是自我导向的。

以下是一些具有代表性的学生观点。

我在阐述学者观点上比在考试上表现得更好，因为我在有时间限制时做不好。限时两小时的考试让我感觉压力太大了，我会在一道题目上花很长时间。而阐述学者观点没有时间限制，因此我不会感到有压力。

我不选考试而选拼贴头像的主要原因是，它允许我发挥创造力，并以不同的方式运用我学到的知识，而不是死记硬背那些我必须知道的知识。而且，比起备考的时间，我能够投入更多的时间在这个项目上。

我选择这个选项而不是常规考试是因为它的艺术性，并且时间更充裕，这可以让我进行更深层次的思考，而不是像传统期末考试那样要快速记忆。

设计这种评估方式的过程是漫长的。不出所料，设计这种评估方式的老师在 1991 年刚当老师的时候，他的评估方式和他自己上学时参加的考试差不多。虽然他的直觉和学生反馈都表明一定有更好的方法来衡量学生的理解能力，但最终还是教育神经科学研究的不断发展，促成了这次十年级历史期末考试的改变。

据我们所知，越来越多与评估相关的研究不仅揭示了学生心态的重要性，还揭示了持续反馈及在精准时间间隔内主动记忆和回忆对于产生持久学习的重要性。另外，研究还表明，为学生提供多种评估方式的选择权可以集中他们的注意力和提升他们的参与度，并且艺术有助于加深长时记忆的巩固。这些研究结果都助推了这次十年级历史期末考试的改变。具体来说，下面这些研究有助于改变我们对教与学关系的理解，改变我们对学生的能力进行评估的方法。

思维模式：表现目标或掌握目标

关于"动机和学习之间的联系"的研究主要集中于两种思维模式，这两种思维模式是学生基于老师在学校给他们提供的经验（包括评估方式）而发展起来的。这两种学生分别倾向于制定"表现目标"和"掌握目标"。

　　与表现相关的目标就是那些与传统评估有关的目标。学生的动力来自他们取得的成绩、排名，以及奖状或奖励等外在的激励。相比之下，制定掌握目标的学生则受到实际学习经验的激励，他们的回报来自获得和应用新知识和技能的挑战。

　　虽然学生可能同时拥有这两种目标，但那些主要由表现目标激励的学生，在面临困难的学习挑战或因失败而受挫时，往往会失去动力和信心。相比之下，在面对困难的挑战时，被掌握目标激励的学生更有可能坚持下去。困难的任务或挫折不会削弱他们的动力或自尊。拥有掌握性思维模式的学生，就像那些在圣安德鲁圣公会学校历史课上陈述历史课学习体验的学生一样，更有可能选择难度更大但有益的方式来展示自己的学习成果。

效果反馈

　　另一个研究关注点是给学生提供反馈的时机和方法。及时反馈已被证明可以加深一个人对被评估材料的记忆，在一项比较及时反馈和延迟反馈的研究中，仅仅是对及时反馈的预期就会产生更好的表现。那些知道会得到及时反馈的学生比那些被告知反馈会延迟的学生在任务中的表现更好。

　　想一想，学生们实际上并没有收到任何反馈或额外的教学，他们只是认为他们会得到快速的反馈，这两者是不同的。而且研究表明，对答案的正误进行评分对学习几乎没有帮助。学生只有在花了很长时间苦苦寻找答案之后再获得老师的反馈，才能显著提升对学习材料的记忆。

研究人员还发现，评估和反馈之间的间隔能促进更有效的学习。如果学生仔细地按时间间隔进行复习，他们记住信息的时间比只学习一次然后在暂时掌握后立即进行评估的时间更长。

这些发现向我们揭示了评估和学习之间的关系，并且让我们知道，提供及时、有效的反馈可以提高学生对内容的掌握程度，产生更有效、更令人满意的学习体验。

主动检索信息

越来越多的研究表明，与仅仅阅读课堂笔记等被动学习相比，通过自测主动检索信息对学习有显著的长期益处。虽然任何评估都需要进行某种方式的主动检索，但让学生通过可以加深理解和巩固学习的替代性评估来重建他们知道的内容，是一种比传统考试更有力的方式。

主动检索信息对学生为评估做好准备也很重要。很多时候，当我们要求学生反思他们的学习策略时，他们会回答只是重读了课堂笔记。研究告诉我们，这不是一项有效的或节省时间的学习策略。训练学生把定期自测融入学习策略中，将有助于他们将学习材料嵌入长时记忆。

试图回忆的行为有助于长时记忆的存储和恢复。神经科学家们说的和老师应该以之为教学目标的长时记忆，不止体现在单元末或学期末的考试，甚至年终的期末考试。当我们谈论长时记忆时，我们的意思是在这段时间之后还能记住什么。正如我们在第5章中所讨论的，要想达到这一点，就需要学生努力且聪明地学习。

正如我们喜欢告诉学生的，他们必须培养刻意练习的学习习惯，我们认识到，"一个人要进入并维持艰苦的刻意练习是需要动力的。但学习不仅是简单地投入时间就行，还要使用足够聪明的学习策略。"我们认为，老师的职责是帮助学生做到这一点，在适当的时机将依据科学研究的学习策略融入内容学习中，而不是只让学习自发产生。例如，在指导学生如何用好学习策略的同时，为他们提供回忆的机会。由于这种学习方式有时对学生来说可能更难，因此老师需要给予学生一些情感支持。

从理论到实践

将关于评估的神经科学研究引入课堂实践面临着两大障碍：第一，尽管教育工作者的工作针对的是学习器官——大脑，但大多数老师和学校管理者对大脑的结构及它如何接收、过滤和应用信息知之甚少；第二，"基于大脑"的各种教学方法往往被认为对那些学习有困难的学生最有好处，那些学生在历史上被称为有"学习障碍"的人。这种想法其实是短视的，没有认识到教育神经科学研究对所有学生的重要性，包括优秀学生和在提升学业成就的讨论中经常被忽视的良好学生。我们写这本书的主要目的之一就是开始解决这两个问题。

而且，似乎有太多的家长不愿意相信基础教育阶段的老师凭直觉就知道的事：每个学生都需要通过老师的帮助和指导来发挥最大潜能，以及学生应该有多种途径来学习老师、学校、地区或国家认为他们在不同发展阶段应该知道的知识。

　　一名大学历史先修课程的学生的家长提出了这样一个问题："教育神经科学能给我的儿子什么呢？他已经拿到了所有的 A。"这个问题也是成千上万在本学年准备 AP 考试（由美国大学理事会主持，适用于全球计划前往美国读本科的高中生）或期末考试的学生提出的。这些对学习的累积评估给每个学生带来了极高的要求和压力，研究告诉我们，这种压力抑制了最优学习和对知识的应用。

　　针对这名学生的家长，我们问了这样一个问题："如果我告诉您，教育神经科学研究的课程可能会减少您儿子的学习时间，您会怎么想？"这一点应该能引起所有家长的兴趣。研究强调了睡眠对学习和健康的重要性，如良好的睡眠可以让 5 小时的学习减少到 3 小时。我们能否为学生创造更多的空间，让他们有更多的时间去做能给他们带来平衡和快乐的课外活动？我们能否为他们创造更多的时间来维持积极的人际关系？我们知道，积极的人际关系有助于巩固学习。我们能帮助他们降低学校施加的压力强度，并且减少压力持续的时间吗？

　　这需要结合高效学习和高效应用来自 MBE 科学研究的策略，还需要老师利用 MBE 科学研究来更好地设计家庭作业，正如我们将在第 10 章中讨论的那样。还有一项有趣的教学策略，我们推断它能带来改变，但我们在科学证据方面只取得些许进展，这项策略就是多任务处理。这方面的研究挑战了当今大多数学生的学习方式，尤其是在社交媒体和学术责任之间切换的交易成本。

老师评估的内容应该是他们想让学生学到的，不仅是为了即将到来的考试，还为了长期的学习。所以，老师和他们所教授的内容之间的关系就更重要了，就像我们将在第 12 章中讨论的那样。我们如何评估学生，对学生是否会长期或短期地记住所学内容或程序性知识有着重要的影响。

就像神经心理学教授特蕾西·托库哈马 - 埃斯皮诺萨指出的那样："当学生为了通过考试设法记住足够的日期、事实和公式时，这些知识从未进入长时记忆，只是进入了短时记忆，学生从来没有真正学会这些知识。"但一次又一次这样做，常常会让学生们觉得自己是在学习。正如斯坦福大学的丹尼斯·波普提出的"应付学业"，只是服从，而不是学习，这是我们将在第 10 章中深入讨论的，并且这对学生体验到压力和身体健康也有影响。因此，教育神经科学的研究不仅应该告知老师给学生什么样的评估类型，还应该帮助学生形成用于准备评估或完成项目的策略，从而创造真正的学习机会。

这些研究如何影响你所在学校的评估呢？把这看作对老师的一种考验，在为班级或某个学生设计评估方案时，思考如何嵌入丰富的内容，如何培养最理想的长期学习习惯。我们认识到，所有学生都有强项和弱项、感兴趣的和不感兴趣的领域。当我们达到最佳的学习状态时，我们既考验又支持所有学生。了解人类大脑最重要的是知道它会随着经历而改变，这一过程被称为"可塑性"。当我们设计需要深入思考和解决问题的丰富评估时，老师正在帮助学生提升认知能力。老师是"大脑的改变者"，这多么令人兴奋啊！

每年我们需要以多种适合发展的方式评估每个学生（见表 9-1）。这就是差异化评估的含义。一些评估能让学生发挥优势，一些评估对学生来说是很大的挑战，一些评估很好地兼顾了前两点。

表 9-1　评估九宫格

播客	三维媒介（三折页海报、立体透视模型）	PPT 文档演示
学生设计的翻转课堂	免费空间（还有什么是你的老师没学的吗）	剪辑软件
公共演讲或口头报告	超文本文章	二维媒介（绘画、素描、PPT 海报）

注：以上评估选项可用于中学生。"评估九宫格"的目的是为学生提供更多既发挥他们的优势，又鼓励发展新技能的选择。在一个学年中，每个学生必须通过选择一行、一列或一条对角线的评估链来得分，以作为三个不同单元的总结性评估，学生负责为他们选择的每一个评估项创建评分标准，并作为他们评估选择的一部分。

替代性评估的另一个核心价值是，可以帮助学生培养批判性思维、解决问题、沟通、协作、韧性和勇气等在当今世界取得成功所需的基本技能和品质。如果考虑托尼·瓦格纳的"七大生存技能"对 21 世纪的工作提升的意义，那么这些技能的关键价值显而易见。但是，学生们在哪里磨炼甚至发现以下技能呢？

- 批判性思维和问题解决能力。

- 协作能力和领导能力。

- 灵活性和适应性。

- 主动性和创新性。

- 获取信息和分析信息的能力。

- 有效的口头和书面沟通能力。

- 好奇心和想象力。

我们认为，最好通过各种不同的评估来培养这些技能，特别是通过基于项目的学习和设计挑战，在其中经历"前进的失败"，即通向突破、理解和成长的犯错或失败，这是评估过程的一部分。

精心设计的项目可以提升学生的参与度。我们也知道，当学生能够自主选择学习，并与学习材料建立情感联系时，他们的学习能力就会提升。另外，当我们让学生以一种真实且目标明确的方式展示他们的学习成果时，他们会变得更投入，而且实际上学到的更多。美国弗吉尼亚大学心理学教授丹尼尔·威林厄姆指出，"老师的目标应该是让学生思考意义。"替代性评估正是这样做的。

让我们再来看看芝加哥大学芝加哥学校研究联盟进行的工作，研究人员在现有研究的基础上，建立了一个与学生长期成功相关的非认知因素框架。他们发现，与成功有关的非认知因素大致有五类。

- 学习行为：上课、投入、参与课堂、完成作业。

- 学习品质：勇气、坚韧、自律、延迟满足。

- 社交技能：合作、有主见、责任感和同理心等人际交往
能力。
- 学习策略：学习技能、元认知、自我调节、目标设定。
- 学习思维：四种对学习成绩有利的学习思维模式——
（1）我属于这个学习团体（归属感）；（2）能力与胜任力
随努力而提升（内隐能力理论）；（3）我能在这方面成功
（自我效能）；（4）这项工作对我有价值（期望价值理论）。

虽然大多数学校的评估标准可能会解决其中的部分问题，但
为了让学生有最大的取得成功的机会，我们应该用各种深思熟虑
和精心设计的评估方式培养所有能力。伟大的项目在这里再次发
挥作用，我们必须记住，伟大的项目是随着时间在不断的反思、
迭代和协作中向前发展的。

此外，如果我们再看一下上述列表，我们在这本书中讨论的
MBE 科学研究的许多原则在这里也适用。因此，我们面临的挑战
是在计划今年的评估时，如何培养瓦格纳的"七大生存技能"？
如何发展五种非认知因素？放眼你的课程之外，你正在帮助你的
学生做好准备，为他们在教室之外的有趣而不确定的漫长旅程做
好准备。

还有其他日常的事情可以做。关于老师对评估方式的看法，
以下是一些依据研究的重要改变。这种把研究成果转化为实践的
做法，可以进一步增加学校的优等生数量，提高学生的整体成绩。

- 大多数单元都以评估先验知识的预先测验开始，并能够从

单元的开始到结束衡量学生的个人成长。

- 老师使用更形式化的评估。例如，用让学生感觉压力较小的无等级的突击测验，作为学生的自我反思过程；经常进行形成性评估，评估内容可以是一个问题，让学生练习从他们的长时记忆和短时记忆中回忆知识。频繁的主动信息检索能显著提升记忆能力，这就是测试效应，也是让学生开始或结束一节课的好方法。

- 老师为学生提供考试纠错的机会。使用延迟或脚手架式的反馈，让学生努力寻找正确答案，比简单地提供正确答案更能提升他们的记忆力。

- 为了帮助学生确定适当的学习策略，老师要求他们反思大脑需要什么，如注意力、记忆、可视化思维、执行功能、语言、神经运动功能、社交或高级认知能力，从而能够根据大脑的不同需求采用不同的评估方式。

- 在评估之后，学生有机会从元认知的角度反思他们的评估表现，特别是反思他们的学习策略如何起作用，以及他们未来如何以不同的方式学习。思考大脑的实际需求可以增加这种反思的深度。

- 老师缩短了从引入一个新概念到回忆并将其应用到新的学习中的距离，而且增加了回忆和应用它们的频率。

- 老师分享了关于多任务处理的交易成本和如何在学习过程中限制在网站或社交媒体之间切换（对当今的学生来说，这的确不是一件容易的事）的研究，这可以加强记忆的整合。

神经发育框架的益处

我们所在的学校已经受益于每个老师都接受了神经发育框架的培训，这就是我们用于学习的"多种心智模式"神经发育框架。但"多种心智模式"对我们的主要好处可能并不是其所希望的。它引起了大量关于教学和评估差异化的深入思考。

"多种心智模式"提出了一个具有三个层次的大脑需求框架。最高层次包括八个构件：注意、记忆、语言、时间顺序、空间顺序、神经运动功能、社会认知和高阶认知。还有两个更深层次的术语，但在这里我们不深入讨论。"多种心智模式"的入门级目标是使用这个框架并基于观察来分析每个学生的优势和劣势。圣安德鲁圣公会学校的老师使用了"多种心智模式"框架，把它作为一个透视镜来检验五个因素时，它真正的力量显现了出来。这五个因素如下：

- 每个学生的优势；
- 每个学生的弱势；
- 与所教授主题相关的大脑需求；
- 对如何教学的大脑需求；
- 对评估方式的大脑需求。

如果你把后三个因素结合起来，学生们就能看到其中的真实性和本质的公平性——这是一个老师给学生的最强有力的评估。

这种方法也允许老师每周进行不同的评估，这样就不会出现总是重复同一种大脑需求，而其他需求却几乎不被涉及的情况。通过这一点，在从一项任务到另一项任务时不同类型的学生都能得到考验和支持。如何考验具备较强的语言接受能力和记忆能力的学生呢？这类学生能记住他们听到的和读到的大量内容，"传统的"学校任务对他们来说毫不费力。他们阅读课本、听课，并能轻松通过传统测验。

一种方法是考验他们目前可能不太擅长的其他大脑功能。在这里"目前"是一个关键词，请记住，学生的大脑有很强的可塑性，刻意练习可以重新连接神经元，使他们面对更多的大脑需求，成为更强的学习者。

通过"多种心智模式"的视角来审视这五个因素，圣安德鲁圣公会学校进行了大量差异化的教学和评估，并真正推动了一场变革性的讨论：什么是优秀的教学？这实际上是在讨论什么是学习。

作为课程的设计者，老师们要决定考查某部分知识或某项技能的合适的评估方式。利用 MBE 科学研究来告诉他们如何做到这一点能帮助他们做得更好。但关于选择权和参与度的研究表明，老师也应该尊重学生的决策能力，让他们决定如何最好地展示自己的理解和困惑。选择权也许不是每次评估的必备部分，这要根据时机而定。你能想象这样的情形发生在你的课堂上吗？这就是为什么老师和学校管理者必须持续参加关于大脑如何学习、工作和变化的培训。

关于老师效能的研究指出，用 MBE 科学视角将每位老师的工具包扩展到课程设计，并且与每个学生合作，这非常重要。这项研究支持了这样一种观点：当老师理解了教育神经科学的原理，就能扩展他们的教学技能，包括他们判断和区分自己如何衡量学生的知识、技能和理解能力的方式。因此，今天的评估方式比我们大多数成年人在自己学生时代经历的方式要丰富得多。这是一件好事。

思考题

1. 不回看本章内容，你从本章中学到的三个突出观点是什么？

2. 读完本章后，你想做哪两件事？

3. 读完本章后，你想问什么问题？

第 **10** 章

家庭作业、睡眠和学习脑

我为图书馆而生，而不是教室。教室是兴趣的监牢，而图书馆却是开放、无穷无尽和自由的。

——塔-那西斯·科茨（*Ta-Nehisi Coates*）

一直以来，肯·罗宾逊（Ken Robinson）的"学校如何扼杀创造力"（How Schools Kill Creativity）是热度最高的 TED 演讲之一。这在一定程度上是因为他是一位非常吸引人的演讲者，但这不是全部原因。主要原因是他演讲的内容引发了听众的共鸣。我们敢说，对于自己或孩子的教育，"作业"是人们必然会关注的内容。

从"严格的学校必须有严格的家庭作业"到根本不布置家庭作业，家庭作业一直是引起大众热烈反响的话题。奇怪的是，一所学校的严格程度通常是根据老师给学生布置的家庭作业所需时长来判断的。现在，回想一下你的学校教育，想想你的家庭作业，所有这些都有其合适的形式，然后完成三项任务。

1. 写下三个当你想到家庭作业时闪现在脑中的词。

_____

_____

_____

2. 写下两个当你想到家庭作业时立马想到的问题。

_____

_____

_____

3. 写出一个当你想到家庭作业时想到的比喻。

_____

_____

_____

你认为什么是好的家庭作业？什么是可怕的家庭作业？如果晚上不用做家庭作业，你会做什么？对一群青少年提起"家庭作业"这个词，然后仔细观察他们的表情。家庭作业从根本上塑造了许多年轻人的生活，部分原因是它影响了他们与家人和朋友的关系（人类的基本要素），以及在上学和睡觉之外的"空闲时间"。家庭作业从根本上塑造了会影响学生生理、神经和心理的睡眠。考虑到这一点，我们最好认真思考如何设计家庭作业方案。我们最好利用最佳证据来决定如何做好这项工作。

小学

为了使讨论更容易一些，我们将分别对小学和中学的家庭作业进行探讨。关于小学家庭作业的研究有很多，但主要集中在家庭作业和学校表现之间的关系上。这些研究表明，优秀小学的学生往往会有家庭作业，但研究人员不能确定是否是家庭作业引发了更高的学习成绩。

对这种因果关系的研究要少得多，虽然很多研究结论倾向于表明，家庭作业是有益的，但"所用研究证据都不太可靠"且益处也很小。根据杜克大学教育学教授哈里斯·库珀（Harris

Cooper）博士和神经心理学教授雨果·L. 布洛姆奎斯特（Hugo L. Blomquist）的研究，做家庭作业所花费的时间和成绩之间的平均相关性几乎为零。

强调家庭作业的重要性的部分困难在于，"有效的家庭作业与父母更多的参与和支持有关"，这将家庭作业与其他可能影响成绩的社会经济因素联系起来。这也说明了设计一项"学习的唯一影响因素是家庭作业"的研究是很困难的。

小学生的家庭作业应该是什么样的呢？家庭作业最好是作为一种短暂而集中的干预手段，最好能够有效地提高学生的学习成绩。然而，如果家庭作业更常规，好处可能就不大。也就是说，家庭作业也许不应该是常规的日常琐事，而应该是经过深思熟虑后偶尔布置的。哈里斯·库珀博士补充说："少量的家庭作业不仅可以帮助小学生养成学习习惯，还可以帮助他们学会自律和管理时间的技巧，这些习惯和技巧能帮助他们在以后的年级取得成功。"虽然许多人可能觉得这种说法有道理，但是并没有足够的证据支持它。

考虑到玩耍和快乐阅读等因素的重要性，以及缺乏坚如磐石的研究证据支持严格的小学作业制度，谨慎的做法似乎是布置"少量"作业和"不是每天"都布置作业，并呼吁更多研究来帮助我们思考这个重要的问题。无论如何，我们必须阐明"严格的"学校是什么样的，我们建议它是一所重视并全面平衡儿童在至关重要的小学阶段（也就是大脑发育的黄金时期）的社会、情感和教育发展的学校，而不是一所规定家庭作业时长的学校。

中学

关于中学作业的有效性的研究比较有说服力。然而，教育捐助基金会的报告显示，"隐藏在平均数之下的潜在影响有很大的差异，这表明如何布置家庭作业很可能是非常重要的。"所以，研究结果表明做作业的方法有好有坏。我们先来看看典型的学校作业制度。

典型的家庭作业具有可怕的讽刺意味。志向高远的孩子可能会觉得这很无聊，因为他们很快就"懂了"，所以作业对他们来说就像忙碌的工作，这样杏仁核会把它们标记为不值得使用前额叶皮层的高阶思维处理能力，从而可能导致"怠惰"。为了"挑战"这类学生，老师们往往用数量而不是质量来增加难度，老师们没有意识到增加的作业可能和原来的一样乏味。重要的、具有挑战性的、有价值的想法通常需要 20 分钟以上的时间，如果作业布置得好，就可以促进学生进行更深入的思考。但如果作业布置得不好，不仅不能促进学生思考，还会导致所有本该思考的时间被毫无意义的"噪声"填满。

相反，那些在学习上更困难的学生往往会对作业感到不知所措。想象一下，在典型的日常学习中，一个学生一天要上六七节课，意味着将有六七份作业要做。就算我们按宽松的标准计算，有一半的老师布置 30 分钟的作业，另一半老师什么也不布置，这就有总计 3 个多小时的家庭作业了。

现在，考虑到学生通常要参加许多考试，每门课都布置 30 分钟的作业可能也不现实,但我们假设老师对作业的要求很宽松,所以他们需要做 3 个多小时的家庭作业。再加上他们一天在六七个不同的科目之间切换,每个科目都有不同的大脑需求和不同的长时记忆存储。

然后,他们还要加入一些课外活动,如体育课、舞蹈课或音乐课,也许不止一项。而且,在课堂之外的生活中,学生还需要有空间来容纳一些能给他们带来快乐和激发激情的东西。在这个过程中,他们会去拿食物、联系家人或朋友,所有这些都很重要,都是人类的基本需求。最后,学生需要以某种方式关闭其疯狂运转的头脑——睡觉。然后,很快,学生必须醒来并重复昨日的流程。这所有的一切,一定让他们感觉很累。

我们试着跟踪并观察过学生,建议你也试试。即使只观察一天,即使是没有课外活动的那一天,等到一天结束回到你的房间,感受一下你有多累,然后再看看那些你不做就会被惩罚的所有作业。想象一下,这种情况日复一日地持续,再加上其他引发青春期焦虑的因素,如与同龄人和家人的关系、形成并找到自己的身份认同或者在高中毕业后思考下一步的人生。

现在想象一下,一个也许是因为思考速度慢、阅读或写作速度慢而长期留校的学生将会面临什么。这个学生做家庭作业需要多长时间?如果他做得顺利,那么要 4 ~ 6 小时?想一想当你跟踪并观察学生时你面临的所有事情,这些事情对学生来说可能只会更难。想一想一天的课程结束后,当他们坐下来开始做一堆作业时,他们将会有多累。

因此，讽刺的是，典型的家庭作业制度往往会让各种类型的学生都感到烦恼，从优秀学生到学习有困难的学生。这真是教育的伟大统一。

另一个可怕的讽刺是，学生为了走向成功需要做一些事情，如向老师或同伴请教，有足够的时间进行间隔式主动检索来帮助巩固记忆，或者有充足的睡眠（见图 10-1，研究表明这对巩固记忆至关重要），但是学生们往往因为作业负担太重而忙到无法做这些事情。他们忙着满足老师提出的"完成作业"的要求，一想到要在一堆作业中再加一份作业，即使这可能会提高学习成绩，也往往会导致他们过度思考。

图 10-1　平衡睡眠和其他需求

注：即使学生和老师都意识到睡眠在学习中的重要作用，平衡睡眠和包括学校需求在内的其他需求通常也很困难。

有些学生把标准定得很低，他们的目标不是学习，而是考试成绩勉强及格。为了说明这一点，我们列举了两个高中生的"心声"，这不是在数小时采访中精选出来的，而是我们碰巧听到的："我做作业的时候甚至根本不动脑筋，我只是想把它们都做完。""我根本不可能熟练掌握，我只是不想得零分。"听高中生谈论家庭作业很有启发性，尤其是当你设身处地时："他们的学习标准是什么？如何在学校里更好地学习？"或者甚至"学校的根本目的是什么？"

面对这些，一些学生干脆放弃了。很多学生的焦虑程度很高。我们必须追问，什么时候或在什么情况下，由于家庭作业而加重的压力会导致毒性压力？毒性压力的特点是持续时间久、压力水平高，让人体的压力反应系统没有机会重置，我们知道这会对生理健康造成长期的甚至终生的负面影响。

学生的能力是一幅多维的巨大钟形曲线，它是如此多维，乃至不可能在一张纸上画出来。在这丰富的能力范围内，哪些家庭作业是真正为学生设计的？我们认为这个比例太小了。所以，我们可以做得更好。

教育捐助基金会对关于中学家庭作业的研究文献进行了分析，得出了以下结论。

- 当家庭作业作为一种短期的、集中的干预时最有效，如以与学习的特定元素相关的项目或特定目标的形式出现。一些卓越的研究显示，家庭作业对学习成绩的积极影响可长达 8 个月。

- 如果家庭作业更常规一些，如每天学习词汇或完成数学问题，所产生的益处可能更小，平均 2~3 个月学生才有所进步。

- 当家庭作业作为一种学习方式，而不是学习的一个附加部分时，它是最有效的。

- 提供高质量和及时的家庭作业反馈很重要。

- 学生每天完成家庭作业的最佳时间在 1~2 小时，年龄较大的学生可稍微长一些，随着学生花在作业上的时间的增加，作业的学习效果会减弱。

- 家庭作业不应该被用作对学生学习成绩不好的惩罚。

- 作业的质量比数量更重要。

- 具有不同难度的不同形式的任务可能对学生是有益的。

- 向学生明确家庭作业的目的是有益的，如增加特定领域的知识或提升在特定领域的熟练程度。

教育捐助基金会同时也给出了一个重要的警告：大多数关于家庭作业和成绩之间关系的研究只发现了相关性，而不是因果证据，证据是很难获得的。"确实，做家庭作业的学生在学校里往往表现良好，但不能确定家庭作业是否是他们成功的原因。"

MBE 科学的研究

除此之外，MBE 科学研究的哪些观点可以为家庭作业大讨论提供信息？现在正是回顾本书前几章的好时机，所以我们请你思考这个问题。

从 MBE 科学研究中得出的哪些观点可以帮助我们更好地设计家庭作业？

在这里，我们认为一些我们熟悉的 MBE 科学主题都是相关的，如压力、睡眠、选择权、新奇性、用多种模式教学和评估、内容驱动、艺术整合、要求和帮助构建执行功能任务、运用游戏、快速反馈、脚手架反馈、创造安全犯错的机会、情绪的影响、人际关系的重要性、为了对神经可塑性产生最大的积极影响而努力地和聪明地学习。

- 谨记，无聊会影响杏仁核，导致杏仁核将传入的感官信息发送到大脑中"战斗、逃跑或僵住"的反应脑区，而不是大脑中负责高级思维和执行功能的脑区。请记住耶克斯 - 多德森曲线，一定程度的唤醒能集中注意力和激发兴趣，但太多则会损害注意力、工作记忆和决策。在这两者之间，是对应最佳表现的平衡点，我们称之为"最近不适区"。

- 请记住，可承受的压力是有益的，因为它有助于身心发展，建立应对未来压力的健全压力系统。但其重要前提是，学生拥有支持性的人际关系，以及这种压力只是暂时的，而不是长久性的。

- 内在动机和投入可以促进学习，虽然这些因素有时可能会让老师无法尽最大努力，但是通过给予学生选择权，增加新奇性，关联他们的生活，融合精选的游戏元素，整合让学生建立情感联系的事情，以及创造一种重视积极同伴关系和师生关系的校园文化等策略，学生取得进步的可能性将更大。

- 首因效应和近因效应表明，学生记得最牢的可能是他们在上课开始时听到的内容，所以不要将这段宝贵的时间浪费在复习昨晚的作业上。有时你可能想要强调一个观点，但如果把它作为例外而不是常规，就能凸显它的新颖性。

- 快速反馈有助于激发积极性和提升参与度，并促进学习，就像脚手架反馈和重做作业一样。这表明，做完后只是检查一下是否完成就束之高阁的作业，不是好的作业。能获得一些反馈才是关键，即使像提供答案这样简单的反馈。在学生把作业交给老师几周之后再返给学生，即使这些作业中写满了各种颜色笔迹的优秀反馈，也不会带来很好的学习效果。事实上，研究表明，即使是对快速反馈的预期也会促使更好的学习。

- 睡眠至关重要。睡眠不足会严重影响大脑表现，包括工作记忆功能、长时记忆存储和记忆提取。不管我们喜欢与否，老师都扮演着决定布置多少家庭作业及如何安排作业的角色。

- 老师们倾向于认为，要成为一名严格的老师，就必须每天晚上给学生布置作业，这其实是一个谬论。实际上，作业的质量比数量更重要。专业的老师在合适的时间布置合适的任务，他们会布置高质量的作业，而不是大量的作业。这是一种关节镜手术式的家庭作业，而不是那种"让我们把它全部打开，到处翻找"的布置作业的方法。

研究表明，中学生每晚用于完成家庭作业的最佳时长是 1~2 小时，年龄较大的学生可以延长至 2.5 小时。一旦超过这个时长，家庭作业的效果就会随着时长的增加趋于递减。如果一个学生有 6~7 个老师，是每个老师只布置 15~20 分钟的作业，还是有一些老师不布置作业？或者老师制定了某种时间表，减少了学生每天必须预习的课程的数量？根据家庭作业来改变课程表听起来很极端，但如果你花一些时间听听学生们坦诚而认真地谈论学习，就不会觉得那么极端了。

- 为了帮助学生实现睡眠目标，老师有责任帮助学生开发一套合适的作业系统，既确保学生完成并上交作业，又不耽误他们睡觉。的确，父母在这方面扮演着重要的角色，但正如我们在下文中将要讨论的，老师在刻意培养大脑执行功能相关技能上的努力往往是值得的。

- 记住，学生的大脑前额叶皮层（负责执行功能的脑区）有至少 15 年的重要发展期，因此我们要用包括"脚手架"在内的方法去帮助他们发展组织、计划、执行、评估进展和适度调整的能力。我们要意识到不同的学生需要不同的"脚手架"，并酌情移除"脚手架"，目标是让每个学生都处于他们的最近不适区。

为此所付出的努力都是值得的。将来有一天，即使他们已经成为医学院或法学院的大学三年级的学生，他们也会感谢我们。在小学阶段，老师往往非常擅长刻意教授这些技能，但中学老师经常容易忽视这些技能的培养，误认为它们已经被培养得很好了。其实，不管这些技能在学生上小学时被培养得多好，持续多年的神经可塑性都能让它们变得更好。

- 根本就没有一心多用这回事。大脑不能同时处理多项任务，而是快速从一项任务转换到另一项任务，这其中存在转换成本。很多学生和成年人坚持认为这种说法不是真的，他们就是可以同时处理多项任务，但他们是错的。多任务处理会导致事倍功半。所以，我们需要向学生和家长反复强调，尽可能创造限制多任务处理的家庭作业环境。

- 还记得"多元智能"的神经神话吧。每个学生在擅长和不擅长的大脑功能上都存在个体差异，但试着根据每个学生的优势来选择教学方法是不对的。教学和评估的最佳方式应该根据内容而定，并以此来设计高质量的作业。

这一观点在某种程度上与使用艺术整合来促进学习的想法不谋而合。在这两种情况下，你都要注意评估的是谁的学习情况，是家长的还是学生的，并设计相应的方案，即使这意味着牺牲一些学习时间以让给课堂活动。我们作为老师应该通过这样做将协作、沟通和创造力等技能带入课堂，这些技能都是有效的大脑需求，是我们应该积极培养的。

如果做得好，学生将看到设计和构建是一项非常社会化的活动，人际关系在一个由问题解决者组成的社区中很重要，这也可以帮助更多的人发现这样的活动是他们能做和想做的事。

- 记忆任务对中学阶段的学生很重要，这并没有什么错。但是当我们计划几周或几个月的家庭作业时，我们可以帮助学生制订交替学习的计划，鼓励他们采取间隔式学习，而不是集中式大量学习。我们也可以指定和提倡使用主动检索方法进行学习，而不是阅读、看笔记或课本，后面这些做法往往会导致一种娴熟的错觉。另外，在学生学习要记忆的材料时，教他们或向他们推荐记忆方法可以有效地改善学习，因为这些建议是及时的且是相关的。促进记忆的一个重要策略是利用大脑的休息和运动来重新调整注意力。

- 低风险或无风险的形成性评估是评估未来作业和改善记忆的好工具。这会给学生一种感觉，也许能根据他们的需要量身定制家庭作业，这可以增加他们的认同。同时，形成性评估也给更常规的练习作业增加了变化。

- 犯错是学习的关键组成部分，学生努力纠正错误的过程会促进大脑重新"布线"。这一神经科学的宝贵发现有几个含义：学生需要不断尝试更高难度的家庭作业，直到发现会犯错的难度级别；学生需要空间努力把事情做好，不会因为追求真正的"学习"而受到惩罚；真正的"学习"意味着，如果最终目标是学习某门学科，根据学生的努力程度而不是正确率来打分可能会更公平。它还表明，正如我们上文所述，如果我们假设家庭作业的作用是促进学习，那么就需要给学生及时的、脚手架式的反馈和重做的机会。

- 常规家庭作业对学生能起到什么作用和无法起到什么作用？对此，学生能做些什么？将反思和元认知活动作为家庭作业可能有助于改变学生的学习行为和思维模式。努力的程度和质量对成功都很重要，因为这让学生意识到他们有能力重塑大脑，能通过努力且聪明地学习成为更好的学习者并取得更好的成绩。

无论我们张贴了多少张"要有成长型思维！"的海报，都无法仅仅通过强调这句话来培养学生的成长型思维。但是，通过让他们参与讨论关于努力的程度和质量及其如何满足学科要求的话题，我们有可能做到这一点。家庭作业在这种讨论中起着重要的作用。

- 你是否积极、努力地确保你的学生能感到自己被关注、被倾听、被理解？学习和情绪的关系密切。当我们教得好的时候，也是在将学生推进到让他们感到不舒适的思考领域、难度水平或学习量之中。他们与老师的关系和对老师的信任是决定他们能否成功的重要因素，因此也是决定我们能把每个学生在他们的"最近不适区"推进多远的重要因素。

- 人际关系对学习真的很重要。当一个学生认为自己的大部分学习重心从课堂上转移到了家庭作业上时，也就意味着人际关系不再是学习的核心。

正如我们之前看到的，MBE 科学并不能给出霍格沃茨学校 ①
魔药课的配方书，也不能给出一份"完全照着做就会变优秀的家
庭作业"清单。一个班级的特定环境，一名老师的教学内容，以
及其作为老师的独特声音，都是 MBE 科学研究如何应用于指导老
师设计优秀作业的影响因素。我们在此强调一个重要观点，MBE
科学研究的目的是为实践提供参考，"参考"一词给教学留下了发
挥的空间。老师必须始终牢记，精心设计的优秀作业是一种反复
实践的过程——尝试、反思、调整、再尝试。

罗格斯大学社会情感学习实验室主任、心理学教授莫里
斯·埃利亚斯（Maurice Elias）对家庭作业给出了很好的指导性
意见："我们真正应该问的问题是'为了帮助学生记住他们学过
的东西并为学习更多的东西做好准备，放学后应该让学生做些
什么？'"

初看，这似乎更加强调了典型的日常家庭作业，敦促我们有
效地和高效地布置作业。即便如此，老师在布置作业时也必须考
虑如何让学生体验沉浸式学习带来的神奇感觉。这种神奇感觉是，
当学生全神贯注于一项任务而忘记了时间，或者当他们好几个小
时快乐地专注于一个学习项目时，他们的学习压力就消失了。甚
至，学生之后会说："做这份作业不可能花那么长的时间"或者
"感觉真的不是在学习"。我们敢打赌，如果我们回顾自己的教学
生涯，也可以找出拥有这样神奇感觉的时候。

心理学家米哈里·契克森米哈赖（Mihaly Csikszentmihalyi）

---

① J.K. 罗琳所著的小说《哈利·波特》中的魔法学校。——译者注

将这种神奇感觉描述为"心流",即一种强烈专注于高挑战性、高技能活动而暂时失去自我意识的状态。频繁的心流体验与成就、工作满意度和创造力有关。凯瑟琳·R.冯·库林（Katherine R. Von Culin）、伊莱·冢山（Eli Tsukayama）和安吉拉·达克沃斯认为，受心流激励的人更有可能寻找对自己的技能和能力具有挑战性的活动，也更有可能为实现长期目标而努力。这将创造心流的机会与培养安吉拉·达克沃斯所说的"毅力"联系了起来。

当人们被一项活动和"心流"体验驱动时，似乎就能坚持不懈地努力，这是毅力的主要因素。然而，当人们被眼前的快乐所驱动时，持续而专注的兴趣似乎会逐渐减少，毅力也会减弱。这建议我们需要认真地为学生创造心流机会，这些机会与家庭作业、我们重视的学习类型及我们设计的学习项目密切相关。

"涉及真实挑战、自我表达、人际关系、问题解决或竞技性的体育活动似乎在促进心流体验方面特别有效。"除了深度参与、内在动机和持续努力之外，对学生来说，心流也与幸福感息息相关。有新的研究表明，幸福感与成就有关，而且可能是互为因果的关系。

我们并不是说所有的作业都应该引发心流体验，但我们必须确保心流体验的存在且存在于正确的地方。我们在上文列出的MBE科学策略提示了如何将它们与"其他无聊、耗时的教学项目"区分开，同时也对学科知识和教学内容知识大有帮助。

这是提倡让家庭作业更简单、更琐碎吗？要回答这个问题，请想想西西弗斯①的故事，它被看作对传统家庭作业的隐喻。的确，"专业的"作业可能更简单，如果你的意思是它减少了西西弗斯式思维模式（见图 10-2）——让学生们觉得他们注定要永无止境地把包含活页练习题、读书报告、三折页作业纸②和测试研究指南的"大石头"推上一座小山，山上摇摇晃晃地插着一个"学术严谨"的破旧路标。但是，"专业的"作业能做到这一点恰恰是因为它不是琐碎的，它与西西弗斯式的家庭作业相反。它代表了我们对如何最好地延伸学生课堂外的一天的极大关注。

图 10-2　西西弗斯式思维模式

---

① 西西弗斯是希腊神话中的人物，他是柯林斯的国王，因触犯众神，被罚不断地将巨石推上山顶。——译者注
② 美国小学老师常使用的一种家庭作业形式，将一天的作业印在一张三折页纸上。——译者注

此外，在一些特定的时间和环境下，最好的决定可能是不布置作业。专业的老师具有做出这种决定的意愿和判断力。专业的老师布置的作业质量高，而不是数量多；他们以质量而不是数量来界定自己。严格的学校拥有专业的老师，而不是那些为了弥补专业不足而布置最多作业的老师。

斯坦福大学教育学院研究生院的高级讲师丹尼斯·波普强调了一个她称之为"应付学业"的问题：

> 这些学生解释说，他们忙于"应付学业"。他们意识到自己陷入了这样一个体系，在这个体系中，成就更依赖于做出符合要求的行为，而不是学习和参与课程。他们既没有深入思考课程内容，也没有钻研项目和作业，反而专注于能帮助他们取得高分的学习量管理和学习策略打磨。

想一想作业在其中扮演的角色。人类的进化史和天性决定了我们的大脑是用来学习的。所以学习是有趣的，对此我们不应该感到惊讶。学习是"应付学业"的对立面。我们需要重新把注意力放在学习上，而不是功利地放在"应付学业"上。

最后，我们想在这里分享一些我们认为清晰、准确地表达了很多人的感觉的内容，它节选自一篇报刊文章，文章的作者卡罗琳·沃尔沃斯（Carolyn Walworth）是一名高三学生，也是所在学区教育委员会的学生代表。

> 告诉我们去找学校辅导员来缓解压力是不够的。这就像在新伤口上贴创可贴。我们校区的学生知道如何应对压力，

真正的问题是他们要应对的压力太多了。学生们都在大口呼气，却没有时间吸一口气……我们根本不是青少年。在一个滋生竞争和仇恨并阻碍团队合作和真正学习的学习系统中，我们只是毫无生气的躯壳。我们缺乏真诚的热情。我们病了。我们这个群体已经完全忘记了学习和接受教育的意义……

是时候重新思考我们教育学生的方式了；是时候重新评估和实施我们的家庭作业政策了；是时候对不遵守地区标准的老师进行严厉处罚了，如在期末复习期间不布置作业；是时候认清学生们每天都徘徊在精神疲惫边缘的现实了；是时候认识到我们快把学生累死了；是时候让学校管理者们负起责任了。现在，是时候行动了！

有效的教育不一定意味着更大的压力。高级课程不应该等同于大量的家庭作业。对自己学术和智力的挑战应该是一种包括更深层次概念理解的心智挑战。高级课程和过多家庭作业之间越来越紧密的关系让我感到困惑；的确，我想说的是，这只能展现我们学区的缺点，我们的老师没有能力以一种学生能接受和理解的方式来教授这些复杂的知识。所以，他们依赖于布置过多的家庭作业来实施教学。

解决这些问题刻不容缓。拜托，请不要再无休止地讨论我们的学校到底有什么问题，尤其是不要再做空头承诺。学生们每天生活在持续的压力之下。该开始行动了。

作为关心教学技能和教学职业的人，我们在此大声呼喊，让我们开始更好地为卡罗琳及其身后的无数学生服务。

思考题

1. 不回看本章内容，你从本章中学到的三个突出观点是什么？

2. 读完本章后，你想做哪两件事？

3. 读完本章后，你想问什么问题？

第 11 章

学生的第二个大脑

考试中途，艾伦拿出了一个更大的大脑。

——加里·拉尔森（*Gary Larson*）
漫画《远端》（*Far Side*）
（我们会让你自己找到这个大脑！）

拥有两个大脑可能比一个更好吗？也许是，也许不是。对今天的学生来说，无处不在的电子设备使他们能够以许多老师无法想象的方式进行创造、联络和合作（见图 11-1）。这些新技术令人振奋，但所有学校都必须努力解决这些问题：如何适度地使用技术，技术何时有助于学习，何时仅仅会分散学生的注意力。

图 11-1　学生的第二个大脑

西蒙·派珀特（Seymour Papert）是麻省理工学院学习研究方面的教授，是麻省理工学院人工智能实验室和具有巨大影响力的媒体实验室的共同创始人，也是对技术如何影响儿童教育极具远见卓识的专家。他被称为"教育信息化之父"。用他的话来开启本章非常合适：

> 全世界的儿童都对数字技术怀有一种强烈的喜爱之情。儿童爱计算机，爱手机，爱游戏机，最重要的是，他们的爱使他们愿意学习大量的知识。对此，每个人都会产生一种想法，这种爱可以被调动起来为教育目标服务。可惜，这一想法过于诱人，导致大量精力和金钱被投入到一些肤浅又无效的方式中，如试图通过植入游戏的方式来哄骗孩子们学习他们抗拒的内容。没有人会上当。我们的目标不应该是粉饰他们讨厌的数学，而是提供他们喜欢的数学。

这段引文表明了技术可能提升学生的学习兴趣和促进学习，但是也警告我们，仅仅靠技术简单创造一个吸引人的学习包是不够的。网上有很多教学资源，如果你花点时间去搜索，就能迅速找到很多精心制作的精美图像和朗朗上口的曲调片段。更好的做法是将"给学生提供他们喜欢的数学"作为指向所有学科、所有年龄段、所有能力的象征，以此来说明技术有真正改变教与学的潜力。派珀特教授还说：

> 的确，未来几十年，教育领域无疑会发生巨大的变化，

但不会是某种试图有意强加一种新设计的体系的"改革"。我敢这么说是因为两个因素：（1）各种力量导致旧体系与社会之间的矛盾日益增加，并最终成为社会的一部分；（2）构建新体系所需的创意和技术变得越来越可获得……对学校反对创意的本质的公开讨论使这种矛盾变得更尖锐。公众可以自主接触的各种创意和获得技术支持的多种实现方式都给新的发展提供了沃土。

技术是教育发生巨大变化的潜在动因，这不是因为技术是或应该是变化本身的焦点，而是因为它是催化剂，促使我们获取、处理和交流创意的能力发生变化。推动教育发生这种变化的动力，不是孩子们的生活充满了技术奇迹，而是他们在日常生活中与各种创意互动的方式已经发生了转变，和学校的传统方式之间出现了矛盾。

与人互动的方式也是如此。因此，把昙花一现的新产品交给学生本身并不会改变教育；我们需要的是教学上的重新思考，需要在教学中承认并利用现在可以实现的技术。

此刻，两大警示立刻浮现在我们的脑海中。首先，技术既"难"又"快"。"难"在技术门槛高，制作成本高，所以老师将主要是新技术的消费者，而不是创造者。"快"即变化很快，所以我们很难预测接下来会发生什么。例如，很多人都熟悉摩尔定律（Moore's Law），预测计算机处理能力将迅速提高；但从另一个角度看，充足的处理能力意味着产品将变得更便宜、更小、更节能，因此也将会有越来越多新的、难以预测的应用。

还有一个定律虽然不太被人所知，但我们可以称之为教育领域的"摩尔定律"，它就是克拉底定律（Kryder's Law）。该定律预测了数据存储容量将迅速增加。也就是说，我们能够以越来越低的成本在一个越来越小的物理空间中存储越来越多的内容。例如，可以预测出在我们有生之年会出现一种价格和尺寸都接近苹果手机的设备，它将能够记录和存储一个人一生所有的视频记录。现在，这一预测在"云计算"中已经实现。

"难"和"快"意味着老师在职业生涯中将成为自己目前无法预测的技术的消费者。技术和淘汰似乎是势不可当、永无止境的，所以人们很难保持理智。然而，这本书并不是关于技术和教育的专著，也并不是"用这个工具做什么"的指南。所以，冒着让我们看起来像在躲避一头撞来的河马的风险，我们选择把指南放一边，提醒大家注意："请做好敏捷面对风险的准备"。

其次，技术可能会消耗一切。或许，关于技术这一章最重要的信息是，很多时候技术并不能促进学习，所以不应该使用它。当你路过教室门口看到这些技术时，它们看起来不错，但请记住，粉饰现实的"糖衣"并不是我们的目标。所以我们的下一个警示是，要保持谨慎和洞察力。本章的目标就是利用 MBE 科学研究来帮助我们做到这一点。

黛西·克里斯托杜洛（Daisy Christodoulou）曾是英国的一名老师，她满怀热情地研究如何将认知心理学的科研成果用于指导教学和提高学生的学习能力。她的第一本书《关于教育的 7 个谬论》（*Seven Myths about Education*）在美国可能鲜为人知，但却是一本好书。该书的主要内容是，我们在知识教学中如何能更好地处理知识。它有力地揭示了这样一种谬论，即"为什么我要学习，我只要上网搜一下就可以了呀？"这一现代思维模式。

如果要让学生进行更高层次的思考，那么任务之初的知识基础就很重要。老师的一项重要作用是系统地传授知识，确保学生不会对关键知识做出错误的假设，任何一个错误假设都可能阻碍学生理解能力的提升。让学生演讲是做到这些的方法之一。

的确，演讲是可以做到的，虽然并不是所有时候它都有用，但这应该是老师的教学活动的一部分。尤其是演讲是学生在大学里肯定会遇到的情境，所以在他们上大学之前，掌握一套尽可能做好演讲的技能是非常好的。作为研究工具或支持各种自测的方法，技术可以帮助学生构建一个强大的知识库，但是我们主要着眼于在更传统的教学方法上去发展这些知识。

为了帮助我们思考技术的最佳应用，在这里提供一个非常简练的架构——它有着古老的历史根源，但被做过二十多年老师和学校管理者的马丁·罗宾逊（Martin Robinson）在其著作《21 世纪的三学科教育：用过去的课程让年轻人应对未来》（*Trivium 21c: Preparing Young People for the Future with Lessons from the Past*）中重新赋予活力。三学科（trivium）是在中世纪古希腊为发展语法、逻辑和修辞的教育理念而创造的一个短语。长期以来，作为西方古典教育的基石，以罗宾逊为代表的三学科的本质一直是 MBE 科学研究的重点。罗宾逊将三学科分为三个阶段，以供老师遵循：

- 语法——学习基础知识；

- 逻辑——在讨论中运用基础知识（罗宾逊这里用的是广义的"讨论"，指在某种参与式论坛中使用、运用和处理知识，而不是狭义上的坐着闲聊）；

- 修辞——交流讨论的结果（罗宾逊再次使用了广义的"交流"）。

就像克里斯托杜洛在其著作中描述的一样，一开始是老师有目的、有结构地建立起知识的基础（语法），然后根据 MBE 科学研究，让学生以各种方式使用这些知识并获得反馈，这对包括事实准确性、参与和记忆存储（逻辑）在内的诸多方面都有助益。广义的"讨论"允许在教学中引入丰富多样的模式，选择最适合所研究的特定内容的呈现模式。

对所学知识进行重新加工以便于交流（修辞），这也符合 MBE 科学研究：如果学生刻意打好坚实的基础，那么就很可能增强高阶思维。知识交流也允许在全年的课程中使用不同的教学和评估模式，老师仔细地根据学习的内容及与自己所教学科的相关性来选择方法，而不是根据学生个人的学习优势或弱势。艺术整合也有可能用于教学，研究表明，艺术整合可以提升参与度和增强记忆存储。根据主题的不同，我们也很容易看到选择权、新鲜感和个人相关性是如何结合在一起的。

当然还有更多方式，但我们只是想让大家知道罗宾逊关于三学科的工作得到了 MBE 科学研究的支持，原因有二。首先，它结构简单、容易记，并且能轻松适应各种情况。其次，它为我们提供了一个最恰当使用技术的结构。如果第一个阶段语法（即学习

基础知识）是基于技术支持的传统教学阶段，那么接下来的两个
阶段——逻辑和修辞——就是技术能够真正改变学习的阶段。三
学科方法论可以让学生目前用其他非技术方法做的事情做得更好，
也可以让他们做以前做不到的事情。前者如用计算机打字处理一
篇文章而不是手写——计算机打字没有也不能完全取代手写，但
计算机快速、轻松地编辑和重新编辑的功能在提高论文写作效率
方面有一定的作用。后者如在偏远的地方用网络电话与一位医生
连线，将采访他作为课程作业的一部分，以获得一些能提高当地
居民生活质量的建议。技术开创了某种可能性，也就是在听到别
人这么做之前我们自己很难想到。

让我们运用 MBE 科学研究视角来看看这三个阶段，看看技术
可以在哪些方面促进学生学习。我们不会讨论将被取代的具体网
站和应用程序，而是将重点放在它们的功能上，虽然这些功能仍
有可能被取代，但不会那么快。

在语法（即学习基础知识）方面，技术可以帮助学生更好地
记住核心知识。在内容获取方面，有许多应用程序可以帮助学生
主动检索或自测。快速反馈应该有助于记忆存储，应该像脚手架
式反馈一样，给学生提供足够的信息和框架，让他们尝试自己纠
正错误，而不是仅仅告诉他们正确答案。许多学生使用新奇的方
式——派珀特的"糖衣"足以让学生留在游戏中。MBE 科学研究
表明，使用精心设计的奖赏系统也可以让学生集中注意力和提升
他们的积极性。

研究表明，重读课本或课堂笔记是一种糟糕的学习和备考方

式，因为无论学生用了多少种颜色的荧光笔标注，往往只会产生一种熟练的错觉，而不会产生牢固的长时记忆存储。在说服更多的学生在学习中多依靠主动检索方面，技术的潜力无限。

技术及其提供的令人难以置信的获取大量知识的途径，可以让学生自主选择基础知识，给他们一种自己掌控学习的感觉。MBE 科学研究表明，这可能有助于激发学生的学习动机。但语法阶段的关键是让学生建立逻辑阶段所需的坚实的基础知识。因此，老师在提供必要的脚手架方面起着关键作用，这样学生才能有效地学习他们需要学习的所有知识——实际上是"形成自由选择的感觉"。

三学科方法论中的第二个阶段"逻辑"是讨论，并且是广义的讨论，包含学生对创意的使用、调整及思考，而思考是有益的。在线讨论这种形式让老师可以延长上课时间，而且推动讨论的声音经常会不一样——在教室寡言的人可能更喜欢在网上发言。但这需要老师的细心和技巧——方法适当、程度适中的监督和反馈至关重要，学生产生网络学习疲劳是一种持续存在的危险。

共享文档可供团队协作，并且除了简单的文字处理页面之外，还有很多种形式，可以承载更丰富的多媒体。老师的作用是确保这些内容能引发学生对知识的讨论。

在这里，我们想分享摩根·埃文斯（Morgan Evans）的例子，他是圣安德鲁圣公会学校的一名英语老师。摩根一直希望他的学生拥有有趣且值得深入探讨的想法，而不是追求一些肤浅或可预测的东西。问题是，你如何让一群学生花很长时间绞尽脑汁地想出真正有趣的东西呢？以不同方式想象和融合各种想法，以意想不到的方式将它们排列组合在一起，并且在许多学生想快速找到"足够好的"答案以便继续进行下去的时候，让他们的大脑"坚持"思考。

摩根的解决方案是将低技术和高技术奇妙结合，高技术使低技术标准以新方式重现活力。一开始，学生们用白板进行头脑风暴，勾勒并组织他们的想法，这是一种极好的不适感较低的方法，允许冒险和想法的流动。然而，当学生们觉得他们从白板上活跃的"讨论"中得到了一个好"观点"时，就用手机拍下整板或其中一部分，并发布到群共享文件夹。能捕捉瞬间的洞察使得这个临时媒介更有用了，但也正是它的"临时"性质让学生们能更多地探索想法。

在做家庭作业时，学生选一张自己小组成员或其他人的照片，并在这张照片上写下自己的文字性评论，然后把这张照片发布到班级博客上，并评论其他学生上传的照片。这可以作为第二天课堂讨论的起点。这种形式多样又有趣的想法探索，其最终目标是为学生随后要写的一篇文章创建一个主题。

技术的新奇性能帮助学生更长久地参与到深入的讨论中——不要被那些肤浅的方法骗了；老师们共同努力，通过正确的指导帮助学生超越他们可能会放弃的点，更长久地进行智识挑战。同时，技术也创造了让每个人都发出自己的声音和接受挑战的时刻。技术并不是作业的重点，老师将注意力集中在课堂上进行高质量的讨论，这同时也是一次丰富多彩、魅力四射且徐徐展开的旅程。

技术还为文章创造了更有趣的起点，也为探索创造了更多有趣的线索。

技术增强逻辑论证的另一种方式是把其他声音带入课堂。视频信息和视频会议技术可以把远方真实的人带进教室，就像前面关于网络电话的例子一样。在教学中，同理心是一种未被充分利用的教学工具，将真实的人带入课堂可以带来强烈的同理心体验。

三学科的第三个阶段——修辞——中学生交流思想也是如此。同样，当技术被视为一种增强交流的工具时，可能是最佳状态。高质量的交流是我们给学生设置的高标准，这同时也应该是作业的重点，而技术也许能帮助我们达成这个目标。"制作生物群落的幻灯片"和"用幻灯片展示你对生物群落的理解"这两者之间有着重要区别。甚至，随着学生掌握的技术技能的增加，他们可以"创造一种视觉表现形式，来展示对生物群落的理解"。他们可能会使用多种技术中的任何一种，或者可能根本不用技术解决方案，对这个作业来说，这些都是很好的方法。

我们选择"使用幻灯片创建海报"作为示例，以说明技术如何让学生以迭代的方式，而不是一次性完成的方式完成作业。想一想一个学生是如何写一篇历史论文的。他可能会先写一个提纲，把写好的提纲拿给老师看并得到老师的一些反馈，然后修改提纲，把修改后的提纲再拿给老师看并再次得到更多的反馈，再修改提纲，之后把提纲充实成段落，写出初稿。接着，这个学生可能会从同学或老师那里得到有关初稿的反馈，并且根据这些反馈重新修改初稿。学生可以多次这样做，直到他完成期末论文。这是一个充满反馈、反思和编辑机会的过程，我们称之为迭代过程。我们教学生写作的迭代过程，这样他们就能写出更好的作品。

现在，举个例子，想一想我们通常是如何让学生创建另一种教学物料——海报——的。"好了，同学们，做一个三折页的……"即使他们通过对文本框进行文字处理，编辑整张海报和设计整体布局，以及研究如何运用一切来创造一个伟大的成品也是很困难的。这个过程不是迭代的，还经常令人沮丧。现在，许多学科，特别是科学，实际上都在使用海报作为一种标准的交流方式——如果你参加过专业的科学会议，海报式讨论很常见。

利用技术制作出高质量的海报是一项值得教授给学生的技能。重要的是，我们需要借鉴论文写作的迭代过程，在这个过程中，学生能得到打印在纸张上的小版本的反馈机会，通过简单地滑动框来编辑替换内容的机会，以及反思、编辑、再反思、再编辑并做出更高质量成品的机会。现在，购买和使用打印机的成本并不高，或者学生可以让老师用投影仪展示，所以"学生如何展示它们"并不是不可逾越的障碍。

技术不仅给了学生更多的编辑机会，还提供了广泛且不断扩大的各种媒体，如视频、播客、信息图、定格动画、电子作品集、网页等。但这些都值得做吗？或者它们只是派珀特所说的"糖衣"伎俩？MBE 科学研究表明，新奇性可以增强具有反思性的深度认知参与。研究还表明，艺术整合可能有助于激发动机和增加记忆存储，而许多通信技术都涉及艺术元素。这可能就是某些通信技术的力量所在，但老师选择和讨论这些技术时要小心谨慎，要明确高质量的思维交流这一目标。

可供学生交流的媒体的丰富性也与 MBE 科学关于多模式教学和评估的重要性的研究有关。采用不同模式不仅可能吸引更多的学生，帮助他们以更容易"坚持"的方式使用内容，还可能找到一种让不同学生都能跟随课堂接受挑战并绽放光彩的模式。老师在选择模式时应该考虑内容，而不是基于学生在课堂上的"学习风格"。多元智能理论的提出者、哈佛大学的霍华德·加德纳教授这样说：

> 似乎我只是在呼吁一种"大杂烩"教育：向学生抛出一堆众所周知的问题，其中一些自会铭刻在他们的思想或大脑中。虽然我不觉得这种方法毫无价值，但是，多元智能理论提供了一个可以说是超越了单纯改变教学模式和提供选择权的机会。它还提供了审视主题细节的可能，以确定哪种智能、哪种类比和哪个例子最有可能既抓住主题的重要方面，又能让大部分学生接受。在这里，我们必须承认教育具有家庭手工业的一面，这门"手艺"现在不会，甚至可能永远不会受算法的影响。另外，它也可能是教学中令人愉快的部分：有机会不断地重新审视自己的主题，并思考用新的方式来表达其重要部分。

虽然加德纳教授说的是主题呈现，但也适用于我们要求学生学习和展示知识的任务，即三学科的三个部分。

当学生掌握了一系列用于交流的技术技能，他们对于如何交流自己的想法就有了越来越大的选择空间。这些不同的形式值得用吗？回想你看过的视频，找一个时长一两分钟且内容丰富感人的视频，再回想一张你看过的优质信息图片，想一想创作它们所必需的所有大脑功能，并且想一想为了制作视频或图片而选择、组织和并列信息，你需要多么熟练地掌握基础知识。

的确，文章有巨大的价值，写作是一项非常重要的技能。但是，其他交流方式也很重要——如果看看我们的学生们未来可能会从事的工作种类，重要性只会更甚。让我们往这个方向组织教学，并且尝试用迭代的方式进行——允许反馈、反思、编辑和精心组织，我们知道这些在写作中非常重要。这就是用技术进行逻辑论证的核心潜力所在。

虽然三学科方法论给我们提供了一个可以运用技术的结构，但在本章，不是所有内容都适合用这个结构。就拿多任务处理和任务切换来说，不管大多数学生怎么认为，脑成像研究已经证明，根本不存在多任务处理。相反，大脑是在每项任务所需的神经网络之间快速来回切换，但这样做会在速度和精力两方面都产生交易成本。

这会让学习更难，花费的时间也更长，因为学生不了解不同任务之间切换的交易成本。此外，当他们在学习时听到信息提示音，大脑的多巴胺就会增多，让他们难以抗拒手机的诱惑。但是，当他们看完或回复完信息后，不会回到刚才停止学习的位置。实际上，这就是在延长学习时间。然而，在说服学生接受用更有效率的方式看待多任务处理方面，我们费了很大的力气。

技术的好处之一是让学习变得大众化。在用技术分享教育资源方面，斯坦福在线和麻省理工学院的开放课程软件是两个比较引人注目的例子，坦率地说，这些大学的思想质量高得惊人，表现形式也非常好，还免费向所有人开放。

科学的一种有趣应用是让学生制作电子学习档案，这可以帮助他们保存多个学年的大量学习记录，并且能让他们存储多种媒体形式的大量作业。这样的电子学习档案可以作为反思、元认知练习和 MBE 科学研究支持的学习策略的一部分。

我们想再次强调，科学有可能给学生提供快速的、结构化的反馈，以及从错误中修复或构建的能力。优秀的工具贯穿各个学科和年级——从语法到数学。好工具一般包含巧妙的诱饵、游戏或奖励系统，用来吸引学生。但好工具还有一些不那么显而易见的特性——它们是自适应的。这意味着，它们给学生提供的作业取决于他们以往的表现。作业太简单了？那就加入一些更难的内容，甚至直接跳到下一节。这道题做错了？稍后再提供一道类似的题，看看是思维失误还是理解偏差。好工具也提供一些脚手架式反馈来帮助学生解决这个问题。如果有理解偏差，就先做对应的一些单元。

我们的目标是让任务难度与学生的技能水平相匹配，并且不断自适应以让学生保持在"最近不适区"（见第 7 章）或米哈里·契克森米哈赖提出的心流区，如图 11-2 所示。自适应软件能够对抗无聊和焦虑这两个双生"恶魔"。编写自适应软件比编写通用型程序要困难得多，但是在许多情景下，对学习的益处是如此之大，所以应该把自适应作为新的目标。

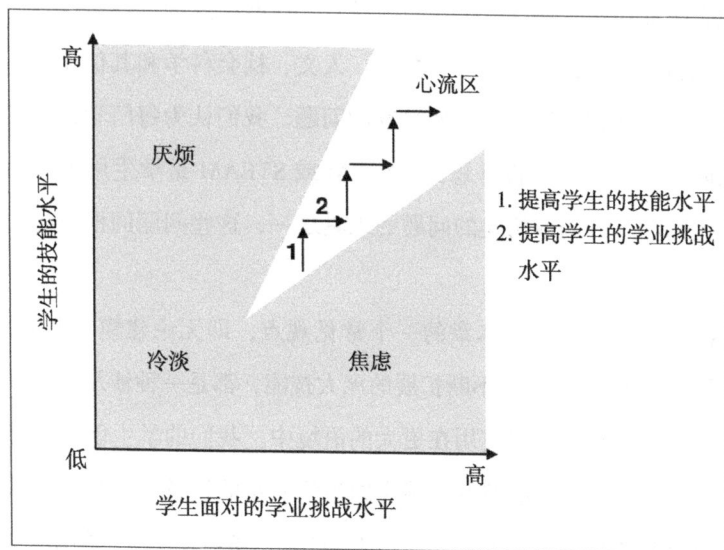

图 11-2　让学生保持心流的学业挑战水平和技能水平关系图

注：学业提升离不开通过学业挑战水平和技能水平的协调提高来避免焦虑、厌烦或冷淡。

当我们考虑包括计算机内存和处理能力在内的容量和成本的未来发展时，可以预测具有强大性能的系统将变得更便宜、更普遍。考虑到自适应技术在个性化学习、差异化教学、提高学生参与度和学习成绩方面的潜力，我们可以想象，这种技术在不久的将来会得到更加广泛的应用。然而，这种潜力如何最恰当地转化为参与度和学习成绩的实际提高，这是一个正在展开的故事，但是一场值得关注的好戏。

技术在 STEM 或 STEAM^① 中的作用也需要讨论，尽管这里不适合全面讨论这些模式的优点或缺点。这些模式的最终目标是使用来自科学、技术、艺术、数学、人文、社会科学和其他无论什么学科的知识来解决人们所面临的问题，我们认为每门学科都有局限性。这是一种设计思路，STEM 或 STEAM 是学生用来解决现实的和人为的或构建的问题的工具之一，这些问题的根源在于人和现实世界。

这一主要观点是本章的一个常见观点，即无论建模、编程、使用 Excel，还是任何不断扩展的庞大技能，都是一种涉及更大任务的工具。技术最好应用在更大的语境中。我们的学生创造了植物自动浇水系统、假肢及改善高原生活质量的设备和系统。奇思妙想或同理心结合这些项目的背景，产生了学习不同技术的动力，学生需要使用这些技术来让他们的"孩子"——那些他们倾注个人感情的想法——得以实现。

在探索技术对于教学和学习的附加价值时，圣安德鲁圣公会学校面临的关键问题是，硬件或软件如何加深学生的学习？但是，在相关研究如此之少的情况下，老师应该怎么做呢？在一个老师的实践案例中，他没有等待实证研究给出结论。在一所每人一台笔记本电脑的学校里，他想知道，与使用笔记本电脑做笔记的学生相比，用传统手写笔记的学生能否记住更多内容。结果令人信

---

① STEM 是科学（science）、技术（technology）、工程（engineering）和数学（mathematics）四门学科英文首字母的缩写。STEM 教育是目前比较流行的教育模式，所教内容并不是将四科内容简单叠加，而是跨学科知识的有机结合。STEAM 则是指增加了艺术（art）学科的五个学科有机融合的一种教育模式。——译者注

服，用手写笔记的学生比用笔记本电脑记笔记的学生多记住 40%
的内容。

之后，也有研究证实了这位老师的独立实验。我们讲这个故
事是为了激励你。技术促进学生学习对于老师是一个绝佳的研究
课题，就像我们将在第 12 章中讨论的那样。例如，有很多关于学
生在线阅读与纸质阅读之间差异的论述。什么才是最好的呢？

我们坚信，为老师提供框架有利于他们在专业实践中更快
地进行调整，并能够衡量他们在教学上做出的改变。我们还
发现另外两个有效的框架：TPACK（Technological Pedagogical
Content Knowledge，整合技术的学科教学知识）模型和 SAMR
（Substitution Augmentation Modification Redefinition，替代、强化、
修改、重新定义）模型。但它们都还需要调整。

TPACK 模型

TPACK 模型基于图 11-3 所示的维恩图。这是一个有趣的起
点，但我们认为技术本身并不是独立的，而是教学知识和学科知
识的一部分。不可否认，在这个时代，技术是教育学的一部分。
例如，伊恩（本书作者之一）使用分子模拟来帮助学生看见和思
考原子级的过程，如蒸发或化学平衡。我们需要专业发展来促进
两点：（1）扩展有助于我们教学的技术的知识，并且结合 MBE 科
学研究去实践；（2）扩展我们关于有效的教学方法的知识，老师不
是技术知识的专家，而是利用教室中已有的知识有效地管理课堂。

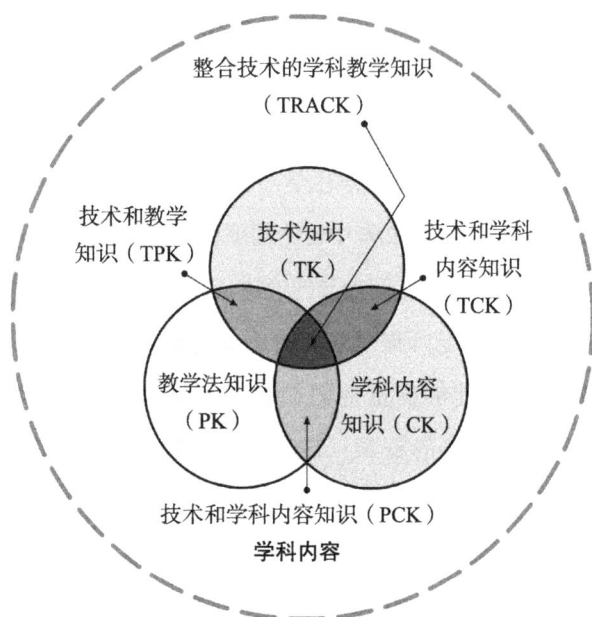

图 11-3　TPACK 模型

注：© 2012 by tpack.org.

技术也是学科知识的一部分，因为在我们大学毕业后的数十年里，学科已经发生变化并将继续变化。我们现在有多与时俱进？我们必须跟上新时代——学科内容知识的一部分是学习与该学科真正相关的技术，包括该学科的专业实践和更高层次的学习。例如，作为一名自然科学课程的老师，伊恩的课程涵盖建模和编程，无论他对这些技术的适应程度如何，它们现在都是他在课堂上必教授的一部分。同样，格伦是一名历史老师，他在书中介绍了如何使用电子引文数据库软件。这就提出了一个问题，我们如何构建能帮助我们的专业发展之路，从而避免我们的孩子最终只是学习我们几十年前学的内容和学习方式。

这与我们将在第 12 章中进一步讨论的一个观点有交叉，我们将在第 12 章中介绍教学核心三角图，它强调了老师职业发展及相关研究领域。作为老师，我们需要在职业发展上同时注重老师和课程内容的关系、师生关系这两方面的技术特点。

在我们用计算机进行分子模拟、建模、编程和使用引文软件的例子中，这些技术都不是课程的重点，它们只是我们用来处理特定主题的工具。技术被用于更大的语境中，这让我们回到了从 TRACK 模型维恩图中移除技术圈的问题。这也是一个重要的声明——技术不应该是教学的重点，它是一种用来提高学习效率的工具。

SAMR 模型

SAMR 模型将技术整合分为四个层次：

- 重新定义——技术使我们能够创造以前难以想象的新任务；
- 修改——技术促进了重要任务的重新设计；
- 强化——技术能直接替代传统的学习内容，能对学习内容进行功能性改进；
- 替代——技术能直接替代传统的学习内容，但功能上没有改变。

虽然这可以帮助老师设想可能应用技术的方式，但也让他们很难避免用等级的术语来思考这四个层次，如老师可能会认为"重新定义"是他们应该不断追求的最高目标。而我们并不认为这完全正确。在运用技术时，SAMR 中的最高层次会因任务而异，因此可以将 SAMR 模型放在加德纳教授那段有关"大杂烩"教育的引文中来考虑。如果有的话，关于这个主题，什么能最好地促进学生学习？

就像冰淇淋一样，SAM 这三个等级是普通香草味，R 级是加了焦糖酱、鲜奶油和糖屑的巧克力升级版。香草冰淇淋有很多种，但都带有香草味。有时候，这才是我们所需要的，增加另一种口感的巧克力升级版就太过了。而某些时候，一款浓郁的巧克力香草冰淇淋也很受欢迎。所以，也许把它想成 SAM-R-NO 模型更好。运用你关于学科和教学方法的知识，选择你需要的工具来促进学生学习，或者完全不需要工具。在一个日新月异、技术无处不在的世界里，这对现代专业教学技术来说或许是一个很好的模型。

最后说句有趣的题外话。《纽约时报》（*New York Times*）的一篇文章提到，每天见证新技术奇迹发生的硅谷高管们往往会选择把孩子送到华德福学校（Waldorf）和其他很少使用现代技术的学校，那些注重线下人际接触的学校，那些珍视学生与老师和同学之间交往质量的学校，那些将不必要的技术视为一种干扰的学校。这些学校的学生会错过什么吗？

一名五年级学生的父亲在谷歌公司担任理事，他指出："为什么要急着学习这些技能？这太简单了，就像学习使用牙膏一样……在谷歌和所有类似公司，我们尽力让技术易于使用。孩子们长大后自然会明白如何使用。"

此外，在众多有关技术和学习关系的研究中，也有许多研究是关于孩子们现在面对屏幕的时长及可能产生的有害影响。最近的研究表明，8~10岁的孩子平均每天的屏幕使用时间近8小时，包括看电视，使用计算机、平板电脑和手机，而青少年每天的屏幕使用时间超过11小时。

孩子们实际的屏幕使用时间与美国儿科学会（American Academy of Pediatrics，AAP）建议的每天1~2小时相差巨大。读到这里，你应该知道长时间做任何事情都会重塑大脑。所以，想象一下学生们的大脑会发生什么变化，这就是他们长时间看屏幕的结果。我们知道，关于大脑如何学习、工作和变化，还有很多东西需要了解。我们还知道，对于技术对大脑的影响，也还有很多需要了解的地方。但我们可以确定这种影响正在发生，如会影响儿童读懂情绪的能力。

学校将越来越多的任务转移到计算机上，如文字处理、网络检索、在学校信息管理系统查询课程或学校信息等常规任务，这意味着，即使不考虑任何社交或娱乐的屏幕时间，学生每天的屏幕使用时间也能轻松达到美国儿科协会建议的1~2小时。技术的变革潜力与医学指南之间的冲突本身就值得讨论，同时也进一步要求老师、学校管理者和教育政策制定者在他们选择引入技术来促进学生学习时要深思熟虑并严格筛选。

然而，技术确实在教育中占有一席之地，何时、何地及如何使用技术是我们这个时代有趣的故事之一。谁知道二三十年后技术会是什么样子？但我们冒昧断言，技术本身永远不能取代老师。所以，教学过程中的各种关系仍然是关键。

思考题

1. 不回看本章内容，你从本章中学到的三个突出观点是什么？

2. 读完本章后，你想做哪两件事？

3. 读完本章后，你想问什么问题？

第 12 章

老师也是研究人员

认识到你对学生的影响。

——约翰·哈蒂

老师也是研究人员，他们每天收集大量的数据，并根据这些数据快速进行评估并做出决定。其中一些是定量数据，但也有很多数据是定性的。在这方面，老师可能仅次于医生，他们不擅长的是对这些数据做研究式处理。就像水龙头下面的杯子一样，越来越多的信息源源不断地流入，从而导致无法容纳太多的信息。其实，所有这些数据都可以作为指导实践的依据。

老师长期参与教育研究领域，然而讽刺的是他们几乎总是作为研究对象，而很少作为研究人员或与研究人员合作。这又错失了一个指导实践的机会。

众所周知，作为一种职业，老师也不善于将专业发展嵌入教学工作的核心。老师发展基金会（Teacher Development Trust）的一项调查发现，提供给老师的专业教学知识中只有 1% 是高质量的。我们的学生每年用超过 1 000 小时的时间来学习他们需要掌握的核心知识和技能，而很少有老师用超过 30 小时来学习与教学相关的知识和技能。

这存在质量问题和时间分配的问题。与医学界相比，这很有趣。在这里，我们分享一位我们认识的医生的故事，他是纽约一家大医院的放射肿瘤科专家。这是一个高节奏、高风险的科室，有着要给病人看病并给他们高质量陪护的时间压力。考虑到这样的时间压力，你认为他们每天要做的第一件事是什么呢？答案是，参加 1 小时的专业发展讲座或研讨会。

紧跟前沿研究十分重要，团队中所有人在职业生涯的各个阶段都要感觉自己处于某个领域的发展前沿也十分重要，这意味着，要留出宝贵的时间来保证这些。这段时间很重要，并且需要事先规划。因此，我们制订了一个计划表，以让最新的研究有价值并让它提供的最佳实践成为你的工作核心。这就是成为专业人士的意义。按照这个标准，教学工作做得并不好。在一次研讨会上，我们听到了这样一句话，"安排你看重的事情"，也许这可以作为评价你所在学校的一个有趣起点。

想象一下，如果一所学校抽出一些固定的时间专注于高质量的专业发展，并且将其作为自己的定位和工作的核心部分。露西·克瑞汉（Lucy Crehan）曾在多个被公认为拥有良好教育体系的国家学习、工作并与当地的老师生活在一起，她指出，为协作式的专业发展留出时间是这些学校的一个共同特征。这不需要每天进行，但必须是频繁和有规律地进行。

让我们想一想老师在其中扮演的角色。最重要的因素并不在于老师是最新信息和研究方法的消费者，尽管这样也很好，而在于老师能够基于与同事协同工作而成为信息的提供者。这鼓励老师通过研究和协同方式进行具有反思性的反复实践。这是教学这个需要专业化的职业的"最重要的事情"之一。

为了实现这一点，有必要为老师创造常规的、威胁较小的、容易实现的机会来了解最新的有证据支持的研究方法。有些老师会偶尔参加学术会议，虽然这是好事，但还远远不够，而且这种大规模的活动不适合频繁举办。如果你去一个有着 30 个分会场的 5 000 人规模的会议上演讲，那么你的听众可能只有 50 人，大多数学校的校内演讲的听众人数都超过了这个数。不断反思、迭代、协作和有证据支持的实践及后续传播，是专业化教学的特征之一，是时候把它放在教学的核心了。

老师做的研究可以是对课堂的观察，可以是应用经过同行评审的文献中概述的方法，也可以是由某个老师或一些老师进行的新研究，还可以是某两种方式的结合。这和一般的会议上的演讲略有不同，一般的演讲常倾向于"这非常酷、有效，或者两者兼具，看看我是怎么做的"模式。但最重要的是，它与老师如何改变思维和教学实践无关。所以，我们需要更进一步——这就是关于"为什么这么做"背后的研究，或者说我从课堂上得到的定性或定量数据说明了我的教学方法多有效。

这样做的一个原因是，到目前为止，学术研究提供了好的探索路径和策略，但也仅止步于此，这些路径和策略在特定课堂环境下究竟表现如何，就是老师个人或小组要去解决的事情了。这样去做并分享你的发现是一种很好的方式。

另一个原因是，现在需要更多的研究来支持教学，尤其是在已经有了一些关于"学习的最佳方式"的研究的时候。对此，我们最喜欢引用的一个比喻来自卡尔·亨德里克（Carl Hendrick），他说就像当一个仍然用水蛭治疗病人的医生，当被问及有关水蛭这个问题时，他举手说"这对我来说是有效的"。但这还不够好。

英国杜伦大学和评测中心的罗伯·科教授是倡导在教育决策中寻找和运用研究证据的代表人物之一，他说："显而易见，它（教育决策）往往是错误的。"在常规的教学标准中，有许多"吸血水蛭"，有许多先入为主的想法是经不起证据考验的。让我们在比"水蛭"更坚实的基础上构建职业吧。

口头报告、图片式研讨会、纸质出版物、在线媒体——研究报告的形式比起过程的变革性来说并没有那么重要。老师进行研究或者你喜欢将之称作对实践进行反思迭代，才是关键准则。对此，通过三个因素可以提升研究质量：（1）与学校里的研究型老师合作，互相支持，为创意提供空间；（2）定期向大众传播老师的研究成果，以调动大家的积极性；（3）通过面对面、在线或者兼用这两种方式与导师保持联络，一人扮演教授，一人扮演学生，以此来探索如何做研究和学习学科知识。所有这些因素都有助于将研究融入老师职业的常规部分，让老师更接近医学界模式，即在一个动态发展的领域中，掌握最前沿的知识能带来显著的影响。

谁来组织？谁帮助老师找到相关的研究文献并应用于他们的工作中？谁来帮助老师创建既可行，又能提供有意义结果的研究过程？谁来指导老师找到他们收集的数据的意义？谁又是学术研究和课堂实践之间的桥梁？这创造了学校中的一个特别角色："研究主管"（head of research）——我们第一次得知这个名称是因为惠灵顿公学的研究主管卡尔·亨德里克的介绍；或者"研究带头人"（research lead）——一个在中学开始出现且更常见的名称。

这是一个老师应该追求的重要角色。想一想担任这个角色需要掌握的技能和知识，以及可以做的事情。想一想在一个有机会创建跨越学科、年级和学校的教育工作者网络的学区里担任这个角色的可能，而这些教育工作者都是想要站在这个动态领域前沿的优秀同行。

谁来给予支持？在此，一种可能性来自在大学和其他涉及教育研究的基金会或信托机构之间建立双向关系。这些机构能获得更多发现现实世界中值得调查的研究问题的机会，并且有机会进入承担研究项目的学校。而学校则受益于专业知识并能够使用研究文献，还能获得对学校使命相关问题进行专业研究的机会。

与墨守成规的当下教学模式相比，课堂教学领域的新想法和最新研究能够让教育界获益良多。国际研究学院（Research Schools International）就是一个典型的例子，这是一个由我们与圣安德鲁圣公会学校的合作伙伴——哈佛大学教育研究生院的教员运营的项目。研究伙伴关系也可以帮助学校制定用于进行迭代实践的草案。这种迭代实践以研究为基础，水平介于同行评审期刊级别的研究和一些学校进行的"反思性实践"之间。

在教育中引入新思想是非常重要的，尤其在一些学科需要引入新思想的情况下，这些新思想将为所有学生带来更好的教育和学习。例如，

神经科学在教育中的重要性正得到神经科学家和教育工

作者的广泛认可。然而，到目前为止，这两个群体之间几乎没有有效的合作，从而导致在教育观念的传播中缺乏神经科学基础。

我们有机会给教学带来一种能够改变专业实践的文化。

老师做研究的重点

老师做研究的重点是什么？对此，我们有两点建议：（1）以MBE科学为基础的教学策略；（2）课程理解。

这一想法符合教育理论的另一个"灯塔"人物理查德·埃尔莫尔（Richard Elmore）提出的"教学的核心"，他讨论了教学质量如何取决于老师、内容和学生之间的关系，如图12-1所示，要关注线条，而不是圆圈。真正重要的（或许是有悖直觉的），线条之间的关系才是最重要的元素，而不是圆圈里每个组成部分的质量。

所有老师都试图影响的关键关系是学生与所学内容之间的关系。为了做到这一点，我们的老师做研究的模式致力于加强老师可以直接控制的两种关系。

（1）MBE 科学研究支持的教学策略：加强师生关系。

（2）课程理解：加强老师与内容的关系。

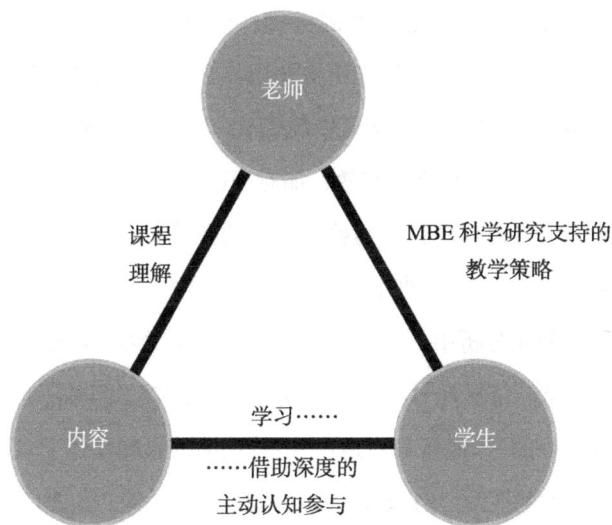

图 12-1　教学核心图

注：改编自理查德·埃尔莫尔的"教学的核心"（instructional core）。

　　为了提高学生的学习水平，教师的职业发展必须兼顾以上两个方面。此外，师生关系强调了老师真正了解每个学生的重要性——学生目前的优势和弱势、他们的发展状况，以及他们每个人带给课堂的故事。提升这些技能也应该是教师的职业发展的重点。

MBE 科学研究支持的教学策略

　　MBE 科学研究提出了许多改善教与学的策略，但通常需要进一步探究细节，探究它们在特定的环境下究竟是什么样子，最重要的是，探究关于"它们如何在我们的课堂发挥最佳作用"的问题。这是老师做研究的沃土，而且特别重要，因为在策略的实施上，不可避免地会有一定程度的科目、年龄和学校差异。例如，哪些主动检索方法有助于记忆历史知识？它们与适用于生物课的主动检索方法有何不同？与高中生相比，哪些方法更适合初中生？对于这所学校，什么最有效？那对于这个班呢？

例如，著名教育研究者约翰·哈蒂的一篇文章的标题是"了解自己对学生的影响"。他在这篇文章中讨论了反馈，从对900多项教育研究的元分析中，他发现反馈是对学生学习影响最大的因素。他在文章开篇这样写道："老师给了很多反馈，但并不是所有的反馈都是好的。"他接着写道："虽然反馈的影响总体上是积极的，但有很大的变数。有效反馈和无效反馈一样多。"在你的课堂中，有效反馈是什么样的？有什么证据能证明你确实给出了有效反馈？这些问题值得老师进行研究。

这样的研究可能会改变老师个人的实践，但也可能创造动力来改变学校或地区内其他老师的教学实践，以及有可能影响MBE科学领域未来的学术研究方向。在我们的第一项针对教师型研究人员的研究——MBE科学中的教学策略中，我们建议探索以下问题。

现有研究

现有研究来自我们最敬爱的研究者们。名单如下，以供探讨如何利用他们的研究来指导你的实践。

- 安吉拉·达克沃斯
- 卡罗尔·德韦克

- 朱迪·威利斯
- 保罗·霍华德·琼斯
  （Paul Howard Jones）

- 库尔特·费舍尔
- 埃里克·坎德尔
- 霍华德·加德纳
- 马克·麦克丹尼尔
- 杰伊·吉德（Jay Giedd）
- 迈克尔·波斯纳（Michael Posner）
- 约翰·哈蒂
- 托德·罗斯（Todd Rose）
- 克里斯蒂娜·辛顿
- 特蕾西·托库哈马 - 埃斯皮诺萨
- 玛丽·海伦·依莫狄诺 - 杨
（Mary Helen Immordino-Yang）
- 丹尼尔·威林厄姆

老师做的研究

表 12-1 中是有 MBE 科学确凿证据支持的研究课题。我们的目标是让老师在这些研究课题中选择一个并探究如何将其用于特定的教学环境中，然后本着利他主义的精神，传播这些知识，帮助其他人找到在不同的环境中应用这些知识的方法。

表 12-1 老师做研究的 12 个可能性

1. 使用反馈
2. 使用形成性评估
3. 使用元认知
4. 清楚、明确地教授记忆策略，如主动检索法
5. 给学生提供自我反省的时间和方法
6. 为学生提供选择机会
7. 通过使用特定的学习策略和反思它们如何产生作用，来培养成长型思维
8. 使用同侪指导
9. 通过给学生提供如何计划和组织的明确指导，来帮助他们提高大脑执行功能
10. 为学生提供有助于身份确认的经历和环境，消除可能导致或增强身份威胁的因素
11. 将视觉艺术和表演艺术融入非艺术学科，创造知识转移
12. 建设性地运用游戏来提升学生的参与度

这张表并不完整，但它是一个很好的起点，原因有二：首先，支持这些因素的研究是有益的；其次，老师以这些为出发点进行小组合作，应该能够找到改善课堂学习的策略。

对于 MBE 科学刚刚开始探索的这一研究方向，还有一个有助于雄心勃勃的老师开展研究的有趣角度，那就是对老师本身进行研究。例如，具有哪些专业素质的老师会更频繁地使用被 MBE 科学研究支持的策略，从而提高学生的学习成绩？这有可能成为真正重要的研究。

原创性研究和大学支持的研究

这些都是我们在圣安德鲁公会学校正在研究的课题，在那里，对以一种有意义的方式收集和分析数据来说，研究机构的支持至关重要。

- 同伴关系如何影响学生的压力水平和学习成绩？
- 快乐如何塑造学生的学习动机和学业成就？
- 当下的 MBE 科学如何影响老师、学生和家长的实践？
- 如何通过加强 MBE 科学方面的培训，来提升教学水平、职业满意度和学生成绩？

这些合作不仅让我们能够进行严谨的、更高水平的学术研究，还能大大提升我们的知识和技能水平，这对学校老师正在进行的所有研究都有好处。而且，这些研究也能让我们保持好奇心，激发我们的冒险精神，并且可以作为学校的一部分。另外，与学校的联系促使学术研究人员精心设计对学校有直接影响的研究。

课程理解的研究方向

不考虑不同科目或年级水平的特殊要求的通才式 MBE 科学战略将会失败，这是我们的担忧之一。任何特定学科的有效教学都需要对学科知识是如何构建的有非常详细的理解，如历史，如果教学策略没有考虑到它的独特性，那么一定是有缺陷的。这是剑桥大学教育学院高级助教迈克尔·福德汉姆（Michael Fordham）提出的一个论点。我们列出了福德汉姆深思熟虑后给出的以下课程问题清单，这些问题是各个学科的老师"为了理解教的是什么而需要问的"，并且我们加上了自己列出的两个问题（见括号中的问题）。

思考一门学科意味着什么？我们需要问什么样的课程问题才能理解我们教的是什么？我认为以下几点对几乎所有学科都很重要：

- 我教的学科的本质特征是什么？
- 这门学科的知识是如何构建的？
- 在教学过程中，知识会发生怎样的变化？
- 我们教的概念的结构是什么？
- 某一知识如何依赖于另一知识？

- 关于该学科，什么样的问题是有效的问题？

- 某个想法在泛化的过程中是如何获得或失去意义的？

- 该学科能够解释的极限是什么？

- 不恰当地运用学科意味着什么？

- 该学科可以评估什么？用什么方式？

- 在该学科上做得更好意味着什么？

- 学生通常在哪些概念上遇到困难，可以通过什么方式帮助他们加深理解？

- 该学科能以什么方式与另一门学科互动？以什么方式不可以？

老师可以尝试研究和回答以上问题，这也是一个很好的研究路径。一门学科的本科教育一般不会迫使你思考这些问题，但这些问题对有效地教授某一门学科至关重要。那么，我们如何有目的地为老师创造探索和研究这些问题的空间呢？这就是我们给教师型研究人员建议的第二个研究方向：课程理解。

而且，加深老师对各自学科的理解并不排斥使用 MBE 科学来指导实践，一个专业的老师可以也应该做到这两点。想象一下，对学科的好奇心和热情促使老师们深刻反思福德汉姆列出的上述问题，同时，对教学的热情驱使他们学习依据 MBE 科学的教学策略。

我们相信，这样的老师也拥有协调这两股力量的天赋和动力，找出对于这门学科及这个年龄段的学生行之有效的最佳教学策略。这是老师做研究的实际力量，也是老师做研究的真实需求。这两股力量在教室里的融合是认知心理学家甚至是教育研究人员都无法有效做到的，而必须是教师型研究人员才能做到的。

墨尔本大学墨尔本教育研究所所长、教育学教授约翰·哈蒂在 2003 年澳大利亚教育研究委员会教师素质建设年度会议上发表的论文"老师有影响：研究依据是什么"（Teachers Make a Difference：What Is the Research Evidence）中，阐述了专家型教师和经验丰富的教师之间的区别。不幸的是，对于这种职业，我们总是将两者混为一谈。我们通常倾向于相信经验给老师赋予专家地位，虽然在我们的个人受教育经历中就有许多这样的例子，但事实并非如此。

哈蒂概述了两者的关键差异，对此，我们将在第 13 章中进一步展开讨论。在第 13 章中，我们将会介绍依据 MBE 科学的专业成长路径。值得注意的是，当你看到哈蒂描述的专家型教师的特征时，我们依据 MBE 科学研究的教学策略和课程理解这两项准确地指出了这些特征。因此，老师做研究可能被视为成为一个专家型教师的途径。

MBE 科学研究的教学策略 + 课程理解 = 学科教学知识

回顾本章开头提到的研究在医学领域的作用及其与教学领域的比较，让我们探讨一下教师型研究人员目前的专业成长之路。第一，通过增长常见 MBE 科学研究的知识，以及了解它如何影响特定学科的教学、评估和学习策略，来加强老师的教学知识。第二，通过对课程理解的研究，来强化老师的学科内容知识。第三，前两个方面共同进行以加强学科教学知识。

学科教学知识是老师这个职业特有的一种知识类型，它基于老师将他们的教学知识和学科知识——他们对教学的了解和他们对所教内容的了解——联系起来的方式。老师的学科教学知识是其教学知识与其学科知识的整合或综合。

凯瑟琳·科克伦（Kathryn F. Cochran）、詹姆斯·德勒伊特（James A. DeRuiter）和理查德·金（Richard A. King）对舒尔曼（Shulman）的原始模型进行了改编，形成的新模型包含四个主要部分：主题知识，教学知识，老师对学生能力和学习策略的认识，以及老师对学生的学习环境（社会、文化和物理环境）的理解，具体如图 12-2 所示。

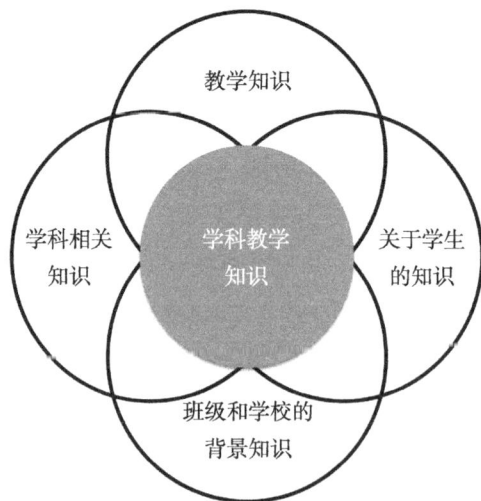

图 12-2　学科教学知识的四大构成要素

有趣的是，由于科克伦等人改编的这个模型中的"教学知识""关于学生的知识"和"班级和学校的背景知识"被认为是MBE 科学研究的三个支柱，这让这个模型也许看起来更符合我们的两个研究方向。因此，我们的教师型研究人员正在走的职业成长之路似乎是一条不错的道路。这就是为什么应该建立教师型研究人员模式，并且应该在那些已经建立这种模式的少部分地区加强这种模式，因为这是一条通往重要专业成长的路，将研究界的前沿思想引入对专家型教师发展至关重要的领域。如果我们能做到这一点，这听起来难道不是一件可能有机会吸引和留住最优秀、最聪明的人来从事教学工作的事吗？

是什么造就了优秀的教学

"是什么造就了优秀的教学"是罗伯·科等人为萨顿信托基金会（Sutton Trust）编写的基础研究综述的标题。在探讨如何评估老师素质的研究中，他们确定了基于研究的优秀教学的六大要素。

> 这应该被看作为思考有效教学提供了一个"入门工具包"。高质量的教学很可能涉及在不同时期具有这些要素的综合表现，而最好的老师是那些能展示这些要素的老师。

他们所列的前两个要素与我们提出的老师做研究的方向非常吻合：

- 学科知识（影响学生学习成绩的有力证据）；

- 教学质量（影响学生学习成绩的有力证据）。

既然我们已经讨论了为什么教师型研究人员是有益的，并且概述了他们应该研究的两个方向，那么这些研究实际上会是什么样子的呢？

老师做研究的可能形式

创建一个能真正测量你想要测量的知识或能力水平的公平测验是非常难得的，这是一项需要特定专业知识的复杂而精妙的工作，这些专业知识通常只在某些研究生级别的课程中才能学到。同样，从分析数据到撰写和发表论文是需要时间和指导才能掌握的高级技能。

我们在 Excel 中用一条漂亮的线穿过一大堆点非常容易，但这条线有什么意义吗？如果有，那么是什么呢？我们可以想象一下有才华和敬业的教师型研究人员是如何学习这些技能的，这条学习路径必须建立起来。不过，如果学校能够接触到能领导这项工作的"研究带头人"，那么我们可以想象一下运用研究成果为决策提供信息的可能性。

所以，教师型研究人员能做些什么呢？有些不那么复杂的研究方案仍然可以产生有用的结果。实际上，我们在"教学改革中心"正在做一些高度可用的入门级研究，并且针对那些感兴趣的人研发健全的科学实验计划。后者对老师的要求更高，但我们仍然意识到它必须适应对老师时间的所有其他要求。我们将在后文介绍前者，后者则超出了本书要探讨的范围。

为什么我们认为老师可以成为研究者？想想看：老师每天都会获得大量数据并对其做出反应——这就是老师日常工作的本质，但老师通常不会记录这些数据。因此，做研究的第一件事就是写日记——类似神圣的"实验笔记本"，所有的想法、观点、经历和见解都被记录下来，并且严禁删除或更改之前的笔记。你可以用一个新的注释和交叉引用进行更新，但不要去修改原始笔记！

养成记录日常数据的习惯是教师型研究人员的关键起点。虽然说起来这是最简单的事情，但也可能是最难实现的事情之一，因为它与老师日常总是极其忙碌的工作性质背道而驰。要坚持就需要转变心态，认识到这项工作是重要的，因为它最终将帮助学生——老师面前这群鲜活的人。

另外，老师应该不怯于进行调查。这是一种在广阔范围快速获得大量信息的方法，但它们必须与教师型研究人员获得的所有其他信息结合起来。教师型研究人员必须小心避免调查疲劳，这可能发生在四个方面：（1）每个学生被调查的次数太多或频率太高；（2）调查的耗时太长；（3）论述题与选择题或排序题失去平衡；（4）选择题或排序题变化太多。此外，在调查过程中是否允许匿名一直是一个重要的仁者见仁智者见智的问题。

结合使用从学生访谈中收集的数据与从调查中收集的数据，比单独使用任何一种都要好得多。虽然这可能很耗费时间，但是像问学生哪些是他们日常生活中必不可少部分之类的简单工作，能够提供令人难以置信的有用经验。试试这样做吧！

比较试验可以提供有趣的信息，但这种试验的学生人数必然比较少，而且不同组别和年龄之间存在差异，这意味着，我们必须谨慎地判断结果，并且要结合以其他方式收集的信息进行判断。它们必须与来源广泛的数据一起使用，共同构建一幅图像——一幅教师型研究人员负责解读的图像。

教师型研究人员在传播自己的研究成果时，必须小心地用适当程度的语言表达不确定性，以免出现夸大的情形。他们必须拿出证据，谨慎地做出判断。整个研究的目的并不是提供完美的"灵丹妙药"式解决方案，让其他老师或学校把它带进教室，打开包，马上使用。这些研究的目的是指导进一步的工作——将你的想法公开，寻求反馈、调整和迭代，并不断完善。

教师型研究人员也应该不怯于研究文献——做到这一点的方法之一就是使用本书和书中提及的参考资料作为起点。

同行老师的观察可以提供有价值的反馈，这个观点已经得到了研究的支持。罗伯·科等人曾在问题"是什么造就了优秀的教学"后追问"这如何促进更好的学习"，他们在研究中提出，老师的"'知识构建循环'——对老师的反馈循环——与学生学习成绩的提高相关"。他们建议将老师学习和学生学习进行类比，如果我们以类似于学生学得最好的方式来组织老师学习，就可以"对学生的学习成绩产生很大的影响"。

罗伯·科建议采用一种形成性评估，老师从课堂观察中获得低风险的反馈。这是一个持续的过程，对老师来说，这是一个可以帮助学生提高学习成绩的专业学习的机会，而不仅仅是评估。此外，当反馈来自其他老师时，这种模式也很有效。另外，它能与教师型研究模式有效结合，并且可能有助于为参与这种同行反馈职业发展的老师群体提供一个吸引焦点，研究表明，这种职业发展对促进学生的学习有显著影响。例如，罗伯·科等人继续说，"人们常说老师通常在前 3 ~ 5 年有进步，然后停滞不前，但（研究）文献对这种说法提出了质疑。"最具支持性的专业环境能使老师在初期阶段之后继续进步，而不具支持性的专业环境则会导致老师在 3 年后停滞不前。

　　一种适合教师型研究人员进行同伴观察的有趣模式是来自日本的"课堂学习研究"，它在日本长期被用于老师的专业发展。更名为"课例研究"后，其成为一种近年来在全球传播开的方法，研究表明，它可以改善教学实践和促进学生学习。这种模式让几组老师在几个月到一年的时间里一起设计课程，观察彼此的教学，然后检查和完善课程。流程可能是这样的：

- 定义和研究一个问题；
- 规划课程；
- 教授和观察课程；
- 评估课程并反思其效果；
- 复习；
- 教授和观察修改后的课程；
- 再次评估并反思其效果；
- 分享结果。

一个对课堂学习研究有趣但不常见的重新诠释是"学习研究"——我们认为这是教师型研究的基础。课例研究的主要目的是提高老师的技能，而学习研究还包括研究调查。课例研究涉及一组老师努力解决同一个问题："如何把 X 教给学生，让他们有最好的机会学会它？"当他们这样做时，"学生学到了什么"这个问题的重要性不亚于"学习或教授它的最佳方法是什么"（这与我们在本章中提出的 MBE 科学研究的教学策略和课程理解这两个研究方向非常一致）。在医学领域，将临床研究转化为日常程序是医学实践的基本组成部分，而在教育领域，课例研究可能是与之最接近的方式。

> 它（课例研究）应该被称为"临床研究"（类似于医学临床研究）。老师的经验和关于知识产生过程的隐性知识、理论规范的迭代过程，以及不同学生群体学习问题的独特性是特殊临床研究过程的中心。与课例研究相比，学习研究更注重建构关于学习对象的知识及教与学的关系。老师作为专业人员被纳入研究，对特定的教育事件进行专业解读。

这就是我们的目标：老师通过反思和迭代过程以一种合作的方式来解决教学中的问题。这个问题是教学的重点："最好的教学方法是什么，以便为这些学生提供最好的学习机会？"这就是学习研究能给我们的。对我们的研究模式来说，需要加入 MBE 科学研究的想法，这样老师就能从研究中获得关于选择研究的问题类型和努力解决问题的方法的相关信息。此外，在某种程度上，传播易于消化的"知识产品"是可取的。我们也认为以小组形式开展工作是有实际意义的——据说，三个人一个小组似乎效果很好。

"学习研究"模型与埃尔莫尔等人提出的"教学巡查"的想法相似，该想法借鉴了医学领域的"查房"，这是医学领域专业发展的关键部分。这两种说法的关键都在于，让同行观察和反馈成为一种文化。我们也认为这需要成为一种文化，但建议使用我们的两种教师型研究方向：一个是依据 MBE 科学研究的教学策略，另一个是课程理解。正如我们在前文中提到的，研究的涌入还有一个至关重要的作用，那就是将新思想引入教师专业发展领域——迄今为止一直以现有知识的再循环为主导的领域。

老师这一职业需要具有这样的特性：老师们要共同努力，找出学生如何才能在他们所在学校特定的复杂环境中以最好的方式学习"特定的思想或技能"。他们的工作需要结合关于"学生如何最好地学习"的最新研究。他们的工作需要不断地迭代——尝试、获得反馈、反思、调整、再尝试。如果老师们能得到受过相关知识转化实践培训和有相关经验的"研究带头人"的指导和支持，他们的工作效果将会更好，能弥合研究和实践之间的差距，这样我们就可以真正宣称这项工作是"研究支持"的。如果老师们的工作得到与大学、基金会或信托机构等外部研究机构的支持，他们的工作效果会更好。总之，老师们需要反思、迭代、研究支持和外部协同式实践。

协作完成研究支持的反思迭代实践

那么，简单来说，教师型研究应该是什么样的呢？我们来考虑下面这个改编自老师发展信托基金首席执行官戴维·韦斯顿（David Weston）提出的流程。韦斯顿在什么构成了模范老师专业发展等方面进行了出色的研究。这是在有研究带头人指导的理想情况下进行的；如果学校里没有这样的带头人，这个机构可能只是帮助找到合适的人选。

- 召集一组老师（三人为宜）。
- 给学生讲课。
- 找出一个需要解决的问题。我们建议从以下事项开始。这些策略都有说服力且易获取的研究资料的支持，应该有利于学生的学习，但如何将它们应用于你所处的特定情境中还有待探索。
  - 使用元认知来提高学习。
  - 使用同伴辅导来提高学习。
  - 利用反馈来提高学习。
  - 结合学生的选择。
  - 使用形成性评估。
  - 构建成长型思维。
  - 运用有助于记忆的技巧（如主动检索、间隔学习和交替学习）。
  - 利用新奇性或相关性来创造参与感。

　　　　– 使用首因效应和近因效应来组织课程。

- 简要介绍相关信息。

　　　　– 应该阅读哪些书或论文。

　　　　– 是否有可以参加的会议。

　　　　– 确认这方面的专家。

　　　　– 如果你去参加一个会议，你要获得主持人的名片，主动
　　　　　给专家写信，努力建立个人联系。

- 记住研究报告的内容，在研究组中积极交流，一起进行课
  程观察，一起评分。在你尝试针对发现的问题实施解决方
  案之前，要对事情的发展有基本的了解。如果想要获得定
  性和定量的数据，可以开展调查。如果需要的话，可以采
  访学生或其他老师。

- 针对你发现的问题，确定一个解决方案。

- 执行这个方案。

- 收集关于执行这个方案的反馈。可以采用的方式包括和小
  组成员交谈、课程观察和评分。如果之前做过调查或访谈，
  这时可以再做一次。

- 作为一个团队，评估你们的解决方案的效果如何。如果使
  用统计学方法，在小组成员或研究带头人的技能水平范围
  内进行会更好。

- 给你之前确定的专家或参加过会议的主持人发送电子邮件，
  陈述你的观察结果，并且表达你对这些结果与他们的研究
  可能存在相关性的想法。虽然你可能不会得到对方的回复，

但研究者们往往乐意听到他们的研究在真实课堂中的实际作用。

- 根据收到的所有反馈，优化你的解决方案。
- 在这一迭代过程中，持续不断地调整你的解决方案。
- 传播你的发现。即使没有一个完整的答案，也会给别人带来启发和鼓舞。

这超越了一些学校传统的"反思性实践"模式。但它还不太可能达到足以在同行评审期刊发表的水平，除非它是与研究机构合作完成的。所以，这是合作完成的依据研究的反思迭代实践，它介于传统实践和足以发表在期刊上的实践这两个层次之间。但这值得去做吗？我们的答案是肯定的。

我们希望在合理的时间范围内对真正的问题做出合理的回应。所以，让我们在"沙盒"中试试吧。只要我们注意在一开始就确保解决方案有研究支持；只要我们重视得到反馈、反思、调整并再次尝试，那么我们的过程就是迭代的；只要我们注意确保我们真正在收集和使用证据并适当运用，我们就会朝着正确的方向前进。我们认为，如果有充足的时间并得到导师的支持，教学工作的性质和合作的性质将有助于培养更多快乐的老师——这对每个人都有帮助。

教师型研究的障碍

除了为教师型研究提供力量，我们还必须考虑到教师型研究的障碍。

获取研究文献——获取大量同行评议期刊的成本如此之高，超出了学校的能力范围，而使用大学图书馆的权利，尤其像期刊访问这样的在线服务，通常受到严格的版权限制。一些浏览器的学术搜索能有所帮助，但无法检索所有文献，而且用这种方式追踪你想要的一份参考文献所需的时间甚至超过了教师型研究人员所能腾出的时间。

在文献开放方面可能需要做出一些改变：自 2008 年以来，接受美国国家卫生研究院（National Institutes of Health，NIH）资助的研究人员被要求向公共医学中心（PubMed Central）提交供免费获取的文章。然而，这只涵盖了教师研究人员可能想要查询的所有文章的一小部分。还有一种解决办法是尝试联系文章的作者，告诉对方你是谁、你想做什么。另外，我们也推荐在前文中列出的一些作者的书。

导师——扮演"研究生的教授"角色的人。

接下来要做什么研究？读什么？和谁交流？还要找一个人来防止对来自广泛领域同行评议文献的误解或过度解读。教育领域迫切需要这种"研究主管"或"研究带头人"，并且找到培养这种人所需的方法。这会让其他有益的任务和项目更加可行。但要实行，就需要学校看到培训研究带头人的价值，也需要教育研究生院明白，那些他们可能认为是他们专属范围的东西其实对所有学校都普适。

这要让正确的人接受正确的培训，也需要与高等学院和研究界建立正确的联系——当做到这一点时，这个人可以成为连接研究和实践之间的强大盟友；如果做不到，本章的所有内容都将是重要但更加困难的一步。有了它，教育世界开始像漫画《卡尔文和霍布斯》（*Calvin and Hobbes*）中的对话框里所说："这就像有了一张可以画画的大白纸！这是充满无限可能的一天！这是一个神奇的世界！霍布斯，老伙计。让我们去探索吧！"

时间——教师型研究人员什么时候开展研究？如果我们有能力重塑老师这个职业，我们也许会让做研究成为一名老师基本职能的一部分——依据 MBE 科学研究在课堂上开展实践研究，然后展示给同行，并将此作为老师日常和常规职业发展的一部分。

回想一下我们在本章开头提到的那位放射肿瘤科专家的故事。我们现在刚开始在圣安德鲁圣公会学校探索的一种可能性是一种新的年度职业发展方式，老师选择用一个研究项目来取代传统的 1~3 次课堂随访。老师、系主任和学校研发团队（在我们的案例中是教学改革中心）一起创建这个项目，并且通过这个项目来监督和指导老师进步。

为什么这样做有效呢？首先，要尊重老师的时间，重要的是在增加工作量之前先减少一些。其次，它赋予老师所有权和认同感，让老师用 MBE 科学支持的策略来探索 MBE 科学支持的策略！就像一个优秀的学生项目因为产生深度参与和赋予学生权利而引发深度学习一样，而老师只在它发生时才知道——这种类型的项目可以给老师带来职业上的飞跃。

找到合作伙伴——单枪匹马的教师型研究人员在学校里是孤独的，而在孤独中工作是危险的。无论在学科组还是在年级组，合作至关重要，因为有效的课堂策略都会有一定程度的学科特殊性，但不同学科之间也有很多共性，而且所有学科研究的历史告诉我们，突破学科的边界一定会激发出灵感。不过，老师如何找到校外的合作伙伴？这里还有巨大的潜力有待挖掘，这些潜力应该也会产生专业成长和职业满意度的神奇双重效果。

展示研究成果的机会——为了让教师型研究人员模式发挥作用，老师需要有机会传播研究成果、接受反馈并建立关系。在圣安德鲁圣公会学校，我们通过三种途径来实现这一点：（1）两卷研究出版物《思考的差异和深度》（*Think Different and Deeply*）；（2）年度内部研究会议；（3）网上的研究型博客。

我们发现，让老师像研究人员一样工作可以改变他们的思维模式。允许老师暂停并专注于技能的一个小方面是一种有用的练习，因为这能迫使他们打破平时的谦逊，在一个更公开的舞台上分享他们的工作。当展示范围远远超出一所学校时，真正的力量就会显现。那么，一个规模更大的教师型研究人员传播论坛如何运转呢？教学需要这样的机会来让我们的实践专业化。

老师的时间要分配给很多任务。当教学工作不被视为一种苦差事时，才意味着我们正在吸引合适的人进入，意味着我们在时间、指导和资源上为他们提供了充分的支持。想象一下，学校里有一群老师，他们享受站在一个充满活力的领域的前沿，有机会创造、探索并与志同道合的专业人士合作。

如果在你需要做心脏手术的时候，却发现你的主治医生用着和他 1980 年从医学院毕业时基本相同的治疗方案，我们希望你转身离开。我们不要求老师们遵守任何类似于"保持在所在领域最前沿"的标准。但请想象一下如果我们这样做的可能性。请记住，儿童的大脑在整个上学期间都具有高度的神经可塑性。他们的大脑会根据老师创造的环境进行重塑，而每个孩子都只经历一次学校教育和大脑迅猛发育阶段，导致这有一种"你只有一次机会"的意味。我们需要这样的老师，他们致力于通过研究为实践提供支持，与最新研究保持同步，并且视自己为不断发展的研究基础的贡献者。

关于"芬兰教育奇迹"及如何复制它的讨论已经很多了。但它并不是奇迹，而是反映了人们选择教育作为职业的高水准。引人注目的问题是，如何复制？我们认为有三点也许会让教学更具吸引力：（1）处于一个动态领域的前沿；（2）拥有创造的机会和自由；（3）支持前两点的"脚手架"。而连接老师和 MBE 科学领域的教师型研究有助于实现这三点。

据报道，约翰·哈蒂教授曾表示，美国政界人士不投资培养名师是因为他们看不到这一点。在研究的指导下进行的反思性迭代实践具有协作性，并且以传播知识为目标——让这种做法在教学中普遍到你甚至不会想到评论它，将有助于使老师的专业知识被看见。用哈蒂教授自己的话来说：

> 作为老师，我的作用就是评估自己对学生的影响。它是"认识到老师的影响"，理解这种影响，并且基于这种认识和理解去行动。这就要求老师从多个来源收集合理又可靠的证据，并且与同事和学生就这些证据进行协作式讨论，从而让他们自己和他人都能看到教学效果。

研究告诉我们，掌握 MBE 科学知识的老师可以增加教学的差异化，提升学习效果。但除此之外，还有重要的第二步，那就是英国杜伦大学的优秀教授罗伯·科让我们铭记的，"这种策略对提高学习能力似乎很有效，'但证据在哪里呢'"。我们可以通过创建一个模型来实现这两步，在这个模型中，教师型研究人员是普通且日常的，并且有相关途径和支持来发挥这一角色的作用。社会要求执业医生做到这一点，却不要求对构建影响孩子大脑重塑和发育的环境负有责任的老师。这是不合常理的。而如果我们这样做，会让所有学生的学习成绩得到提高。

罗伯·科的优秀教学六要素

下面我们列出了研究建议的老师在评估教学质量时应考虑的六个常见要素。有证据表明，专注于这些方法、技能和知识可以提高学生的学习成绩，我们按照证据的强烈程度将这些方法、技能和知识列了出来。这可以看作为思考有效的教学方法提供的一个"入门工具包"。高质量的教学可能包括在不同时期表现出的这些要素的综合，而最好的老师是那些展现出所有这些特征的老师。

学科（教学）知识（影响学生学习成绩的强有力证据）

最高效的老师对他们所教的科目具有深入的了解，当老师的知识低于一定水平时，就会严重阻碍学生的学习。除了深刻理解所教的材料外，老师还必须了解学生思考内容的方式，能够评估学生自己所用方法背后的思维，并且识别学生常见的错误认知。

指导的质量（影响学生学习成绩的强有力证据）

教学指导包括老师有效提问和使用评估等要素。另外，如回顾以前学习的内容，为学生提供模范示例，给予学生足够的时间练习以巩固技能，以及用脚手架方式逐步引入新的学习内容等具体实践也是高质量指导的要素。

课堂气氛（影响学生学习成绩的中等有力证据）

课堂气氛包括师生互动和老师期望的质量水平：老师需要创建一个总是要求更高，但仍能体现学生自我价值的课堂。老师还需要将学生的成功归因于他们的努力而不是能力，并且评估他们面对失败的复原力（毅力）。

课堂管理（影响学生学习成绩的中等有力证据）

课堂管理是老师在有效利用课堂时间、协调课堂资源和空间，以及用一贯执行的明确规则管理学生行为等方面的能力，这些都能最大化促进学习的发生。这些环境因素是良好学习所必需的因素，而不是它的组成部分。

老师的信念（影响学生学习成绩的一般证据）

老师采用特定做法的原因，他们要实现的目标，他们关于"学习是什么"和"学习如何发生"的理论，以及他们关于教学在学习过程中的性质和作用的概念模型，这些似乎都很重要。

专业行为（影响学生学习成绩的一般证据）

老师的行为表现，如对专业实践的反思和改善、参与职业发展、支持同事、与家长联络和沟通。

思考题

1. 不回看本章内容，你从本章中学到的三个突出观点是什么？

2. 读完本章后，你想做哪两件事？

3. 读完本章后，你想问什么问题？

第 13 章

从研究到实践

人人都有梦想，但梦想各异。那些在夜晚于尘封的心灵深处做梦的人，白天醒来会发现一切皆是浮华；但白天做梦者是危险之人，因为他们可能睁大双眼去逐梦，让梦成为可能。我就是如此。

——T. E. 劳伦斯（T. E. Lawrence）

好的教学有多重要？通过对 50 多万项研究的元分析，约翰·哈蒂研究了学生学习成绩差异的影响因素的相对重要程度，目的是让我们"专注于解决这些真正造成学习差异的根源"。不出所料，哈蒂发现，影响学习成绩的最大因素是学生本身和"（他们）带来的东西"，约占学习成绩差异影响的 50%，而家庭、学校、校长和同龄人的影响都很小，只占不到 10%。排在第二位的影响因素是老师，对学习成绩差异的贡献率约为 30%。就像哈蒂所说："老师所知道的、所做的和所关心的，在这个学习等式中影响巨大。"

这些初步研究结果引起了哈蒂的兴趣，他继续探索是什么造就了优秀的教学。哈蒂提出了一个必定会激起波澜的重要观点——专家型教师和有经验的教师是有区别的。经验不会自动变成专业知识，而专业知识并不仅仅来自丰富的经验。哈蒂对理解"支撑专家型教师的专业知识"很感兴趣，并确定了五个判断专家型教师的维度。

• 能够识别学科的基本表征。

- 能够通过课堂互动引导学习。

- 能够监督学习并提供反馈。

- 能够关注情感属性。

- 能够影响学生的学习结果。

识别学科的基本表征

第一个维度，即老师和他们所教学科之间的关系。关于这一点的更多介绍在第 12 章的"课程理解的研究方向"部分。加深老师对这一关系的理解，是每个老师专业发展旅程的必经之路。

其他四个维度正好处于 MBE 科学领域的研究范围，可以通过 MBE 科学研究给出策略建议。当我们观察哈蒂如何对这些维度进行细分时，这一点变得更加清晰，其中有我们从经典研究看到的细分分类，如"专家型教师很尊重学生"，或者研究建议了很多策略的细分分类，如"专家型教师擅长为学习创造最佳的课堂气氛"。

通过课堂互动引导学习

专家型教师擅长为学习创造最佳的课堂氛围。

专家型教师对课堂情境的感知是多维而复杂的。

专家型教师在课堂上的随机应变能力更强，情境认知能力更高。

监督学习并提供反馈

专家型教师更擅长识别学生的问题，评估学生的理解水平和进步，会提供更有价值和更有效的反馈。

专家型教师更擅长提出和测试与学习困难或教学策略有关的假设。

专家型教师的自动性更强。专家型教师发展出的自动性可以释放工作记忆，以处理具有更复杂特点的情况，而有经验的非专家型教师不会优化从自动性中获得的机会。一些什么都懂的教师虽然有能力，但并不是专家，因为他们没有利用自动性的优势把更多的精力投入到教学行为中。

关注情感属性

专家型教师更尊重学生。

专家型教师对教与学充满热情。

影响学生的学习结果

专家型教师促进学生的学习和发展，培养学生的自我调节能力，提升其自我效能感和作为学习者的自尊。

专家型教师给学生提供具有适当挑战性的任务和目标。

专家型教师对学生的学习成绩有积极的影响。

专家型教师能同时增强表层学习和深度学习。

如果我们能够开始识别"专家型教学"的特征，就会引发一个大问题：我们如何以适宜的速度高效地助益专家型教师的培养？作为一种职业，教育并没有这样做的意识——教育界倾向于希望这样的老师出现，而且经常把"经验"等同于"专业"。虽然有时经验丰富的老师也是专家型教师，但并不都是如此。

寄希望于时间并期望最好的教师自然会出现，也不是培养专家型教师最有效或最快的方式。坦率地说，这也不是一种非常专业的职业培养方式。如果我们可以创造一条基于研究支持的培养专家型教师的途径呢？如果我们可以为这一专业途径绘制一张供学校实施的蓝图并辅以指导，来帮助学校实现这一目标，又会怎么样呢？

当前专业发展的问题

对一个旨在让别人学习的职业来说，很多老师的专业发展状况都糟糕到具有讽刺意味的程度。正如我们在第 12 章中提到的，老师发展信托基金的一项调查研究发现，提供给老师的持续专业发展培训只有 1% 是高质量的。关于为什么教所教内容的确切原因，经过研究检验的证据在当下的教学中趋于碎片化或空白。许多都是"这在这所学校有效，你也应该试试"的模式。这些教学工作之所以会陷入困境，是因为它往往是将一些细小的情境性细节组合在一起使用，这才产生了某些方法在特定情况下成功的神奇效果。

这些情境性细节的关键性组合几乎从来没有被弄清楚或呈现

出来。即使有，复制"成功"所必需的完整情境性组合也可能难以重现。此外，职业发展所基于的许多原则是完全错误的。例如，老师们仍然被这样告知，根据霍华德·加德纳的多元智能理论，当以学生喜欢的学习方式将材料呈现给他们时，学习效果最好，尽管这个"神经学谬论"多年前已经被揭穿。

这个例子凸显了另一个事实。加德纳的原始研究出版物很容易找到，也非常容易阅读和理解，并且非常清楚地表明这个"谬论"不是他的意思。这说明，那些创造这种专业发展"机会"的人有着令人难以置信的思维惰性。证据在哪里？能支持我们要求老师学习相关内容的研究在哪里？还有哪一种职业的持续学习和实践更新是建立在没有实质性证据支持的冲动和直觉之上的？最后再提一次那个故事，如果有一位在 20 世纪 80 年代从医学院毕业后就依赖于职业成长过程中偶尔所学（其中一些可能有研究支持，但没有人能保证）的心脏外科医生，你会选择我们虚构的这位颇受诟病的医生吗？

尽管如此，这一切都在顺利地运转着，因为专业发展通常以多种方式呈现，用 MBE 科学视角来看，那似乎是为了让我们尽量少地记住经验而设计的。它可能很平庸，但至少容易忘记。很难想象还有哪个职业能让持续专业成长和"与时俱进"以如此马虎的方式进行。

解决方案

我们建议学校采用 MBE 科学为基础的专业发展框架。这样的框架包括五个目标。

1. **吸引并留住最优秀、最聪明的人才投身教育事业。**虽然这包括薪酬、职业尊重等因素，但也包括职业满意度。因此，我们的框架必须创造出在与志同道合的同事合作中，获得具有挑战性、趣味性和激励性的专业成长途径。

   这条途径必须让老师们看到自己处于一个充满活力的领域的前沿，这个领域中有丰富的跨学科合作，并且能从自己和他人的课堂扩展到研究领域。这条途径还要有研究、创造、评估、反思和迭代的机会。另外，它还要帮助那些在自己的课堂中适应自己角色的老师，无论他们是否渴望更多的冒险，都能在这个角色中看到自己——这一点在我们的职业中不常见，但在其他"职业"中很普遍。

2. **实践应该依据 MBE 科学的研究。**我们用"依据"这个词是有原因的，并且感谢哈佛大学教育研究生院的克里斯蒂娜·辛顿博士的洞察：与"基于"不同，"依据"这个词为教学艺术留下了更多空间。它也暗示了这样一个事实：我们常常不知道一个最终的确定答案，但这是可以的。这往往是研究的本质。通过以研究为依据的实践，我们给自己一个重要的角色去尝试一些方式，评估它们如何产生作用，并且与他人展开讨论，然后再尝试一点不一样的，这样我们的个人实践能力和我们的团队认知都得到了提升。

MBE 科学建议面对丰富的金矿就要去勘探：列明我们不应该做的事情的"不合理清单"，以及我们应该做的事情。关键是要意识到，MBE 科学只是在结满美味桃子的桃树树枝上搭了一架有用的脚手架，而采摘的"最后一米"主要取决于老师、老师教的独特学科、学生独特的年龄范围，以及学生学习的其他课程和学生所拥有的知识和技能，而且还取决于老师的声音。每个老师都是独一无二的，每个老师都有自己独特的声音，每个老师都应该发现并运用它。可见，这"最后一米"既是挑战，也是乐趣所在。

3. 应该为教师型研究提供空间，以促进老师的反思性实践。

MBE 科学一般不提供类似"打开、充气、使用"的策略菜单。最后一步，即到达桃树枝头的"最后一米"，对于一个独特的课堂，什么方式最好和为什么它最好这样的细节，我们没有写。我们之所以没有写，是因为如果写出了规范性的方式，那它很可能是错误的。而且，它还会剥夺教学的艺术性和乐趣。它会表明我们的知识是停滞的，让我们误以为自己已经达到了卓越的顶点，然而我们离顶点还很远，我们意识到还有丰富的领域有待探索。

我们需要让教师型研究人员在这些领域"玩耍"，尝试新事物，与其他老师分享他们的发现，并且与学术界进行对话。我们必须营造反思性实践的文化——让这些老师的课堂上的学生和我们热爱的整个职业都受益。为了实现这一目标，老师们需要从过于严格地管理他们日常实践的繁文缛节中解放出来。芬兰教育成功的原因有很多，但很难想象，如果没有吸引聪明、敬业的人成为老师，并且给予他们良好的培训，给予他们足够的自由、信任和支持（除了高标准和问责制），以悉心打造他们的职业形态，芬兰教育怎么会成功。

4. **实践应该遵循证据**。正如罗伯·科教授那让我们铭记的生动追问，"这种策略可能很有效，但你的证据是什么？"我们必须训练老师和学校管理者收集定量和定性证据，分析这些证据并找到其中的故事，然后用它作为项目、教学和专业发展的决策依据。那就是老师教什么、怎么教及如何学会越来越擅长做这件事。我们必须记住，不要只看数字，这就是卡尔·亨德里克所说的教育决策中的"麦克纳马拉谬误"（McNamara fallacy）。

5. **必须是高质量的专业发展**。专业发展体系的生成和持续投入必须达到其所支持的教学的最高标准。遵循 MBE 科学本身的原则和符合老师发展信托基金的报告"发展伟大的教学：从国际评论到有效专业发展的课程"（Developing Great Teaching: Lessons from the International Reviews into Effective Professional Development）中提出的标准，都是好的开始。

计划：给老师有 MBE 科学依据的专业路径

我们提出的方案包括按顺序完成的四个等级，具体如图 13-1
所示。你会注意到这张图里包括了学校管理者这条路径，因为我
们相信，教学中最大的积极变化将发生在这些小组的协同工作中。
这张图也认同一些老师将成为学校管理者这个事实。虽然教学改
革中心提供了让个别老师实现这一点的规划，但为了使它便于推
广，我们的设想是学校或学校系统在创建适合自身情境的自有模
式时，将它作为参考。

MBE 科学研究支持型
学校管理者发展路径

MBE 科学研究支持型
老师发展路径

第 4 级
MBE 科学
研究支持
型学校
管理者

MBE 科
学研究支
持型研究
带头人

第 3 级
MBE 科学研究
支持型管理层
专家

第 3 级
MBE 科学研究
支持型教学
专家

第 2 级
MBE 科学研究
支持型管理层
熟手

第 2 级
MBE 科学研究
支持型教学
熟手

第 1 级
MBE 科学研究基础培训
新手

图 13-1　教学改革中心的专业发展成长框架图：
依据 MBE 科学的老师和学校管理者的职业路径

第 1 级：MBE 科学研究基础培训，新手。

第 2 级：MBE 科学研究支持型教学，熟手。

第 3 级：MBE 科学研究支持型教学，专家。

第 4 级：MBE 科学研究支持型研究带头人。

第 1 级：MBE 科学研究基础培训，新手

第 1 级的目标是建立一个知识库，更重要的是建立成长型思维模式，即老师如何才能成为促进所有学生学习的变革推动者。这一阶段也揭开了"教育神经科学"的神秘面纱。这是来自参加研讨会的私立、公立和教区学校的数百名老师和学校管理者的经验，这场研讨会将"教育神经科学是我不可能做到的、是令人生畏的"这种看法转变为"这是我能做也是我必须做的，现在我要怎么开始……"。另外，由于课堂学习的影响非常明显，甚至在研讨会结束之前，就让人迫切想知道"下一步我能做什么，下一阶段的培训是什么"。

第 1 级包括四个观点，概述如下。这是唯一一个最好以研讨会形式介绍的阶段——部分原因是它包含了许多对大众来说很新的想法，但也因为它让我们有时间去构建神经教育框架的转型镜头，以及指导老师将其应用于他们所教的学科、学生、教学和评估。

1. **神经科学基础入门：学生的学习脑**。了解大脑的关键部分和学习过程。例如，我们的记忆是如何形成的？压力如何

影响记忆的形成？什么是髓鞘化，它与学习有什么关系？我们相信，关于"学习如何发生"的相关知识会以给学生带来更好学习结果的方式影响教学。

2. **人人皆有神经可塑性**。相信并接受神经可塑性。虽然无论我们如何定义智力，它都受遗传因素的影响，但也受环境因素的影响。学生们在不断地重塑他们的大脑，而这一过程受老师行为的影响。而且，无论优秀学生还是良好学生，以及学习有困难的学生，所有的学生皆如此。

3. **给老师装备神经教育框架**。我们使用了一个改编自"多种心智模式"的框架，它提供了一种共同的语言和结构来描述学生大脑在他们上学期间的各种需求。在我们的学校，这个框架被老师们作为一个审视他们的学科、学生及如何教学和评估的镜头。

什么是与学科相关的大脑需求，以及我的学生未来需要擅长什么才能在我所教的学科中取得成功？我的教学要挑战大脑的什么需求？我的评估要挑战大脑的什么需求？我怎样才能将这三者结合起来，以保证必要的学业公正性？我最近评估了学生的哪些大脑需求？我是否知道我即将评估学生的哪些大脑需求？我所教班级的学生目前的大脑需求是强还是弱？我该如何平衡或组合以防止学生总觉得太容易或太难？

当我们说这是老师审视学生的一个镜头时，我们指的是让每个学生找出优势和挑战所在，并且让他们识别和反思优势和挑战所在。当学生发现太难或太容易时，也是一个帮助老师观察、分析和干预的镜头。作为培训的一部分，老师用神经教育框架对学生、作业和课程进行分析，并且提出可能采取的执行方案。培训的一个非常重要的额外结果是，老师学习了一个通用词汇，从而能用这种共同的神经教育视角讨论他们工作的各个方面。

4. **教学和学习策略**。教学和学习策略非常多，特别是来自"神经科学基础入门"和"人人皆有神经可塑性"。有些是老师应该知道的信息，有些是老师应该做或不应该做的事。

第 1 级　MBE 科学研究支持的策略：神经科学和大脑可塑性的概念

需要了解的信息

- 你是否意识到，学生的大脑在你教学时甚至更多时候都保持可塑性？虽然智力受遗传因素的影响显著，但同时也受环境因素的影响显著，这是否意味着你选择的教学方式会影响学生的大脑重塑？

- 你是否意识到，虽然学生在大脑需求上有个体差异，他们的大脑需求或强或弱，但给学生贴标签，如"听觉学习者"，实际上会损害他们的能力？你是否意识到一个更好的计划是让每个学生意识到自己的优势和弱势，以及借助大脑可塑性，可以用一些策略来帮助自己成为一个更好的学生？

- 在大脑中，情绪与学习息息相关。学生需要认识到压力、恐惧和疲劳对大脑学习能力的影响，以及如何最大限度地利用大脑的高阶思维、执行功能和记忆区域。你是否认为老师的一部分职责就是与学生分享策略，帮助他们建设性地应对情绪？

- 你是否意识到，压力会阻碍学生的学习，相比之下，积极的情绪环境会让学生集中注意力和促进他们的学习？

- 你是否意识到，关于镜像神经元的最新研究表明，"情绪是会传染的"，你的行为会影响你的学生和同事的行为吗？

- 研究表明，如果老师理解教育神经科学的原理，就会改变他们的教学方式和评估方式，并且能改善学生的学习。你是否相信，你对大脑的学习方式了解得越多，就会越多地改变你的实践方式，从而提高每个学生的学习成绩？

一般需要做的事

- 你的课堂是什么样的？它是充满活动但又不让人过度兴奋的吗？它有所改变吗？你会展示最新的学生作业吗？你会创造新奇性吗？你是否会在教室里的显眼位置展示班级的主要目标？

- 你会表扬学生的努力而不是他们的学习成绩吗？

- 学生需要知道"努力最重要"，知道大脑具有自我重塑的能力。你是否会指导学生关于有意识的努力可以重塑大脑，从而提高他们的学习成绩？

- 你是否向学生强调睡眠对巩固记忆的重要性？
- 你知道每个学生的学习优势和劣势吗？你是否通过直接观察来评估每个学生的学习优势和劣势，而不是仅仅靠贴"不上进""懒惰""聪明"之类的标签？
- 你是否对所有学生都抱有很高的期望，而不考虑他们各自的学习优势和劣势？

课堂上具体要做的事

- 你是否给学生制定了特定的学习目标？
- 你是否在课堂上通过让学生的大脑休息或活跃来重新集中他们的注意力？

第2级：MBE 科学研究支持型教学，熟手

应该做的事和绝不要做的事

随着第1级所带来的赋权，老师们经常会问："那么，我在课堂上应该做什么？"MBE 科学的研究提出了"不合理教学策略清单"，其中列出了老师不应该做的和应该尝试做的事。第3级和第4级的目标是让老师了解这两个领域为他们提供支持这种思维

的适量研究证据，并且为他们提供进入学术研究的入口，以便他们进行更多的探索。

为了让这项任务更易于理解，我们把它分成了两个级别。第 2 级的重点是那些可以在大多数课堂中容易实施的策略——老师只需要弄清楚这些策略如何在自己的课堂中起作用。许多是有扎实研究支持的容易实现的策略，并且可以带来显著的差异。第 3 级则侧重于那些与老师如何教授特定学科更为相关的策略，以及这些策略的成功实施可能涉及的更多内容。在这两个级别中，有些策略以老师为中心，要求老师改变自己的行为来涵盖更多的MBE 科学支持的策略；而有些则以学生为中心，要求学生改变自己的行为。

正如前文提到的，研究提供了攀上桃树树枝的脚手架，但是"最后一米"通常取决于老师，因为任何策略的有效性通常取决于特定案例所处情境细节的宽广覆盖范围，如学科、学生年龄、能力范畴、学生的先验知识等，你还可以想到更多。老师们必须厘清研究建议的策略与自己所处情境的关系。用惠灵顿公学研究部主任卡尔·亨德里克的话说：

> 在目前的教育研究中，有一个不断被重复的问题："什么方法有效？"对我来说，更好的说法应该是"在你所处的环境中，什么方法有效？"……而不是被动地接受研究的"碑碣"，我们应该与研究进行持续的对话，质疑它，挑战教条主义，以一种去伪存真的方式厘清这些研究与我们所处情境和自己的个人问题的相关性。我们应该不断地审视自己的先入

之见，并且通过这种反复和反思的过程来完善我们的实践。我们应该调和自己和课堂有矛盾的特质。在同一个老师教的同一个班级里，出于种种原因，在周二第三节课有效的方法，在周四第二节课可能就是一场"灾难"。个中原因，有些我们可能"知道"，但很多我们根本不知道。

老师的研究

正如哈蒂的提醒："要认识到老师的影响。"你正在尝试的策略能促进学生学习吗？你是如何衡量的呢？这就是为什么第 2 级和第 3 级都包含了老师 - 研究人员方案——第 2 级被设计成即使是一个忙碌的老师也非常容易理解和实现；第 3 级被设计成一种更稳健的研究方法，对忙碌的老师来说也可行，但复杂程度无疑更高。两者的共同之处在于促进反思性的迭代实践，这种实践以研究为依据，而且我们希望它是协作型的。

理想的状态是，第 2 级和第 3 级由研究带头人支持，最好是在学校内部进行。但我们的框架旨在培养导师的能力。第 4 级的目标是培养研究型管理者，第 3 级的目标是为第 2 级的人培养导师。那么，关键在于如何进入"先有鸡还是先有蛋"的情境。所以，我们必须会也将会提供为学校培养和支持第一代研究型管理者的培训。

第 2 级包括五个步骤。

第一步：自我评价

- 目前，我了解哪些依据 MBE 科学的实践？（我可能在做，也可能没做——这是对知识的评估，而不是对实践的评估。）

- 目前，我正在做的是一项依据 MBE 科学研究的实践（我可能在不知道的情况下已经在做 MBE 科学研究支持的事——这是对实践的评估，而不是对知识的评估。）

- 我所相信的哪些实践或想法实际上是神经谬论？

第二步：教学策略

- 哪些实践是研究建议我不应该做的？

- 这些建议背后的研究是什么？

- 哪些策略是研究建议我应该尝试执行的？这些策略背后的研究是什么？

- 这些策略在我的特定课堂环境中会如何呈现？

第三步：研究

- 有哪些开展研究的途径可以让我去探索？

- 要成为一名发表研究论文的探索者，我需要具备哪些技能？

- 教师型研究方案：我需要哪些技能来尝试、记录、评估和完善策略？方案概述见第 12 章。

第四步：指导

- 接受持续的支持以实施策略和开展教师型研究，评估策略的影响。

- 接受持续的支持以浏览 MBE 科学研究文献。

第五步：分享

- 合作——合作是有必要的，因为在一些学校里了解 MBE 科学研究支持的老师可能是一枝独秀，至少一开始是这样。
- 传播思想和发现的机会。
- 向他人学习或受他人启发的机会。

第 2 级　MBE 科学研究支持的策略

绝不要做的事

见第 3 章的"不合理教学策略清单"。

应该做的事情

见第 3 章的"12 项有效的教学策略"。

对大多数人来说，可能的初始问题是给定的——用这些作为指导，而不是明确的范围边界。你自己要对这些想法进行更深入的研究。通过协作和迭代来找出在你所处的环境中实现它们的方法。尝试使用第 12 章中概述的老师 - 研究人员方案来"认识到自己对学生的影响"。

1. 利用反馈来改善学生的学习。

- 当你把作业返回给学生时，是否提供了让学生有时间去努

力纠正错误的框架反馈，而不是简单地标记对错或给出
答案？

- 你是否给学生重做或修改的机会，而不是让所有的事情都
  一步到位？

- 你会很快把作业返回给学生吗？

2. 使用形成性评估改善学生的学习。

- 在整个学习过程中，你是否经常提供低风险的形成性评估，
  让学生练习回忆？

3. 运用元认知促进学生学习。

- 你是否帮助学生更明确地思考他们的学习，如使用了什么
  策略、效果如何、还能做些什么？

- 你是否帮助学生暂停，以便将高阶思考任务分解成可识别的
  步骤？

- 你是否给学生提供了帮助他们制定适合自己的学习策略的
  脚手架（包括广泛的技能，如记忆、组织和协调管理作为
  学生面临的任务，以及特定的技能和课堂学习任务）？

- 你能否帮助学生认识到他们作为学习者的个人优势和弱势，
  帮助他们制定策略并让他们了解神经可塑性的含义，这意
  味着，他们努力又聪明的尝试会帮助他们重塑大脑，使他
  们成为更强大的学生？

4. 教授主动检索法等记忆策略以改善学习。

- 你是否鼓励学生自测或使用主动检索方法来学习，而不只是重读课堂笔记或课本？

- 你是否指导学生分散学习时间，而不是集中学习？

5. 利用反思来改善学生的学习。

- 在每次评估之前，你是否让学生反思他们将如何学习，以及特定评估对他们的大脑有什么要求？

- 在每次评估结束时，你是否要求学生回答几个反思性问题，如关于他们如何学习、他们的方法多有效或者他们认为自己可能获得什么成绩？

- 你是否会在课堂的最后几分钟使用"出门卡"，要求学生回忆课堂上的内容，并且向他们提出这样的问题："课后你还有什么问题吗？"

- 你会用日志记录或档案评估的方式整合学生的反思吗？

6. 利用学生的选择来改善学习。

- 为了提升学生的参与度，你有没有给他们任何选择的机会？

7. 使用特定学习策略及反思其工作机制来构建成长型思维模式。

- 你是否对学生的努力和策略给予建设性批评和具体反馈，以帮助他们发展基于努力的个人学习目标和策略？

8. 利用同伴辅导来改善学生的学习。

- 你使用同伴辅导吗？

9. 针对如何计划和组织给予学生明确的指导，以帮助他们提高执行能力。

- 你是否为学生提供关于如何计划和组织的明确指导，以帮助他们提高与执行能力相关的技能？

10. 为学生提供有助于身份认同的经验和环境，消除可能导致或增强身份威胁的因素。

- 你是否积极工作以确保你的学生感到被关注、被倾听和被了解？
- 你是否积极地为学生提供有助于身份认同的经验和环境，并且消除可能导致或增强身份威胁的因素？

11. 将视觉艺术和表演艺术融入非艺术学科，创造改善学习的知识转移。

12. 积极利用游戏提升学生的参与度，并且改善他们的学习。

最后是内容

上面描述的一些策略可能会节省时间，如它们可能会让学生集中注意力或成为更独立的学习者，然而另一些策略则需要更多时间。为了提供更有意义的学习体验，有更大的机会引导更深入的学习，增加长时记忆的存储，并获得新技能，你准备好减少所教学科的内容量了吗？

在第 2 级结束时，老师能够做到以下几点。

- 已经停止了那些 MBE 科学研究建议绝不要做的事。
- 知道以 MBE 科学研究为依据的策略。
- 在特定的课堂环境中实施这些策略。
- 使用明确但灵活的教师型研究过程评估所实施策略的有效性。
- 联系其他了解 MBE 科学的老师形成支持网络。
- 在这个网络内或网络外传播他们的发现。

第 3 级：MBE 科学研究支持型教学，专家

第 2 级侧重于一般的课堂策略，而第 3 级侧重于与老师如何教授特定学科密切相关的策略。这些策略通常是高度聚焦的，用于改善对特定思想、技能或内容的学习。它们甚至比第 2 级更依赖于老师所处的环境。和之前一样，有些策略以老师为中心，而有些策略则以学生为中心。第 3 级的目标是为第 2 级的老师培养优秀的 MBE 科学研究支持型策略的执行者和导师。

此外，我们希望老师们能够更加熟悉一种更稳健、更严谨的研究方法。正如在第 12 章中提到的，这个过程的细节超出了本书的范围，不过英国杜伦大学的斯图尔特·凯姆（Stuart Kime）博士在这一领域的杰出工作是其起点之一。

第 3 级遵循与第 2 级相同的五个步骤：自我评价、教学策略、研究、指导和分享。不过，第 3 级还额外强调的一点是指导第 2 级中的老师。

第 3 级　MBE 科学研究支持的策略：更专注于学科和具体内容的策略

一般需要做的事

连接性和重点

- 你是否积极地为学生提供有助于身份认同的经验和环境，并且消除可能导致或增强身份威胁的因素？

大脑可塑性

- 学生需要了解他们的大脑构造，尤其是前额叶皮层、杏仁核和海马体在学习中的作用。你在课堂上是否会教授学生这方面的知识？

在课堂上的具体做法

连接性和重点

- 你的课程设计是为了让学生看到他们自己生活的意义、相关性或情感联系吗？
- 你是否积极帮助学生看到意义和相关性，或者帮助他们建立课堂和自己生活之间的情感联系？

课程设计

- 你是否给学生提供学科主题或评估方式的选择以提升他们的参与度？
- 你是否将首因效应和近因效应应用于课程设计？也就是说，

进行课程设计时你应该理解，学生回忆最多的首先是发生在课堂开始时老师所讲的内容，其次是在课堂结束前几分钟老师所讲的内容。

- 你是否在所有年级都积极地使用游戏来帮助学生提升参与度？

记忆

- 在设计课程时，你会使用交替学习来增强长时记忆吗？

- 你是否强调睡眠对巩固记忆的重要性？你是否会提供恰当的高质量作业来帮助实现这一点？

- 你是否指导学生管理他们的时间来帮助实现这一点？

多感官或多模式教学

- 你是否经常用不同的模式进行教学？你是否尝试改变教学模式以更好地适应所讲的内容？

- 你是否使用多种模式进行评估？

艺术整合和可视化思维

- 学生需要通过视觉和表演艺术来迁移知识，灵活应用知识。你是否通过将艺术融入非艺术学科的核心内容来改善学生的学习？

反思和元认知

- 学生需要反思和思考他们的学习策略和表现。在你的课堂上，你是否在适当的时刻创建元认知和反思的机会？

最后还是内容

上面描述的一些策略可能会节省时间，如它们可能会让学生集中注意力或成为更独立的学习者。然而，另一些策略则需要更多时间。为了提供更有意义的学习体验，有更大的机会引导更深入的学习，增加长时记忆的存储，并且获得新技能，你准备好减少所教学科的内容量了吗？

在第 3 级结束时，老师能够做到以下几点。

- 依据 MBE 研究了解并实施一系列策略。
- 使用更严谨的教师型研究过程来评估所实施策略的有效性。
- 成为学校第 2 级老师的导师，在他们的课堂上实施和评估这些策略。
- 传播他们的发现。
- 利用学校的交流网络向更广泛的受众传播 MBE 科学研究支持型教学的实施——为了改善学习，老师正在做什么及为什么这么做。

第 4 级：MBE 科学研究支持型研究带头人

学校需要研究型斗士，需要他们传播循证式、反思式和迭代式实践的火焰。学校需要能够理解个人满足感及研究工作所带来的更好的教学和学习的人。学校需要有人揭开研究过程的神秘面纱，并且给予其他老师勇气、知识和资源来帮助他们完成研究。学校需要有人帮助计划学生学习什么及如何学习。学校在分析研究结果和传播研究发现方面需要帮助。

学校需要有人来讲述研究如何为实践提供依据，从而带来更好的学习。学校还需要为可能发生的各种研究带来某种程度的凝聚力。学校需要研究带头人，而研究带头人需要从来自 MBE 科学领域的证据中获得依据。

对大多数老师来说，研究是一项必须掌握的技能。因此，必须对他们进行相关培训，让第 4 级老师"研究带头人"能够在以下几个方面有效地指导他人。

- 如何查找和评估 MBE 科学研究文献？
- 如何规划教师型研究性项目及这样的研究可能存在哪些局限性？
- 如何引导研究项目？
- 如何指导和支持参与研究项目的老师？
- 如何从不同的相关人群那里收集证据和数据——什么数据是有价值的？怎样才能获得这些数据？
- 如何评估一项研究的结果？
- 如何定义研究表明什么和没表明什么的界限？
- 如何使用研究结果来迭代式地规划未来的工作？
- 如何有效地传播教师型研究项目的成果？

第 4 级老师要发挥领导作用，所以培训也必须包含以下几个方面。

- 如何成为一名有用的导师？
- 如何管理同时进行的多项研究？
- 如何说服其他老师迈出这一步，沿着 MBE 科学支持的专业发展路径开始他们自己的旅程？

这套技能和知识在学校创造了一种有趣又陌生的管理职位，我们认为这是一种令人信服的管理职位。对于那些想要在自己的专业领域迈向卓越、成为专家，并且想要在这条专业成长的道路上帮助同事的老师来说，这也是一种领导角色。

我们期待第 4 级老师继续尝试实施新的 MBE 科学研究支持型策略，对他们正在尝试的策略的有效性进行研究，并且传播他们的发现。此外，我们期盼他们将来领导、支持和促进其他老师的研究工作，成为一种催化剂，激起一波以与学校使命一致的专业成长为中心的创造性、协作性能量浪潮。

在第 4 级结束时，老师能够做到以下几点。

- 对第 1 级到第 3 级的 MBE 科学研究支持型策略有深入的了解。
- 对以 MBE 科学研究为依据的"绝不能做的事"有很深刻的了解。
- 能够在自己的职业背景下实施 MBE 科学研究支持型策略。
- 帮助他人在其特定的职业环境中实施 MBE 科学研究支持

型策略。

- 开展教师型研究项目。

- 帮助他人开展教师型研究项目。

- 通过研讨会或出版物分享他们的知识，在他们所在领域中推广 MBE 科学研究支持型策略的使用。

重要的是，学校管理者要认识到选择这条职业道路的老师的"附加值"。请记住，专家型教师不同于经验丰富的老师。在学习上发挥最大作用的是专家型教师。经验并不会自动造就"专家"。

如果我们用心规划，而不是凭运气，就能更快地成为"专家"。我们现在知道了专家型教师应该做和不应该做哪些实践。它们会因学科、年级的不同而有所不同；会因每所学校的特定情况而有所不同；会因每个老师自己独特的观念而有所不同。但是，尽管如此，我们可以开始编纂专家型教师会做和不会做的实践清单。所以，让我们构建培养专家型教师的途径。让我们以一种有内在能力的方式去实现它，用这种方式可以培养导师和领导者，这样学校就有机会促进这种改变。

在这样做的同时，我们也可以构建一条提升职业满意度的途径：一条让老师看到自己处于一个充满活力的领域的前沿的途径，让老师感觉自己拥有了"有所作为"的工具，可以帮助其他老师实现专业成长，并且对自己的专业发展有很强的掌控感，同时在某种程度上允许他们与他人合作。

如果想要更大胆一些，我们可以设计一些在物质上激励老师追求职业道路上这四个阶段的方式，为此制定相关责任制度应该不是一件非常困难的事。

我们希望，成为一名专业老师的职业途径与大多数学校的核心使命相一致——因为优质教学肯定是学校使命的核心要素之一。如果不是，那么这就是我们必须开始的地方。我们可以为老师提供知识和培训。我们可以为他们的职业生涯提供支持和计划指导。但每个老师都需要时间和知识来自由蓬勃发展，并且需要在一个能让人感到受重视的环境中发展。也许这才是最大的挑战。学校是否有意愿创造这样的环境？

用托尼·莫里森（Toni Morrison）的话来说："当你坐上被信任和拥有权力的位置时，要三思而后行。"我们已经制订了依据研究的计划。这并不是一个疯狂的计划。仔细想想，这和培养医生的方式很相似。我们并不是故意要这样做，但当你遵循当前的研究如何能够和必须被用于影响实践的步骤时，你就会得到这样的结果。简而言之，这是一种专业的职业成长方式。

回想你的学生时代，想象一下那个让你最好奇的老师："这个人究竟为什么还在教书？"那是一个没有太多思考、年复一年做着同样事情的老师。再想象一下这个老师从离开大学那一刻到遇见你的那一天所接受的培训。现在换个情境，想象一下你正要被推进手术室做心脏手术。环顾四周，看看聚集在那里为你做手术的所有医疗专业人员。如果他们中的任何一个人——不只是外科医生，而是他们中的任何一个人——接受的是和你的老师一样的专业发展培训。

思考题

1. 不回看本章内容，你从本章中学到的三个突出观点是什么？

2. 读完本章后，你想做哪两件事？

3. 读完本章后，你想问什么问题？

10% 的挑战

（人们）对行动有偏见——让我们看看会发生什么。你可以把一个大计划分解成几个小步骤，然后马上迈出第一步。

——英迪拉·甘地（*Indira Gandhi*）

对于你能做的或梦想着能做的，开始做吧！果敢中自有天才、力量和魔力。

——约翰·安斯特（*John Anster*），译著《浮士德》

就像命运的安排。在我们坐下来写这篇结语之前的 12 个小时里，发生了两件事。第一件事是在推特上的一次交流。

如果教学正在进行，但学生没有学习，那么这真的是教学吗？

对此的回复如下：

> 有趣的是，下一个问题是，你如何知道学习是否真的在
> 进行，而不是一种表现？

把这两句话结合在一起，对我们试图通过教育脑科学进行的事情有很大的帮助。首先，我们如何知道任何教学和学习在进行中？其次，我们又该如何利用多样化的研究来指导我们如何让每个老师的教学和每个学生的学习结果尽可能地好？

第二件事是我们与一位合作者讨论我们从网上收到的一份关于 MBE 课程的提案，这位合作者是来自约翰霍普金斯大学教育研究生院和布隆伯格公共卫生学院的希拉·沃克（Sheila Walker）博士。在一个偶然的洞察时刻，沃克博士说，这门课程的第一个视频应该从介绍本系列视频实际上无法教会你需要做的所有事情开始。这将是一个开始，开始当然很重要，而且往往还非常困难。但你要如何继续呢？依据 MBE 科学研究的教学策略可以让你走到这里，但你必须自己跑完这场接力赛的最后一棒。这是成为一名研究型教师的基本要素。

这项研究、这本书、那些视频——所有这些都将给出提升学生的学习能力的建议。但你得弄清楚如何让它们在你所处的环境中发挥作用，在你的课堂上、学生中、学校和家庭中。这既是挑战，也是乐趣所在。当然，合作会有帮助，导师也会有帮助。但不能指望我们的课程视频告诉你一切。这些视频会帮助你定义一

些很棒的"沙盒"①，即我们觉得合适的"沙盒"，但你必须走进来玩。

但是，如果思维模式不转变，这一切都是行不通的，而这种转变对教学职业的专业化至关重要：我们开展的实践必须是反思性的、迭代的及有研究依据的。无论我是一名多么优秀的老师，明年我都会做得更好，而且我很可能做到这一点，因为这些都是我将探索的研究支持的路径。事实上，我知道我今年比去年教得更好，因为这就是我所做的实践，这是我依据实践所做的研究，这就是我衡量其有效性的方式。

在写这本书时，我们设想了视频课程。我们的视频课程将帮助你开始走上这条路，并会在你的旅程中给你更多支持，但你需要致力于成为一名 MBE 科学研究支持型老师。无论现在还是未来，你的旅程都将与其他老师不同，因为你的声音和课堂环境与其他老师的不同。你可能会做和别人同样的研究，但得到的结果却完全不同，这没什么。事实上，这不仅是可以接受的，甚至正是我们所需要的。两者的相似之处在于都是通过反思的、迭代的、有研究支持及希望是协作的实践过程来开展的。这也许是本书最重要的信息——踏上一条不断发展的证据和研究支持的教学之旅。

我们对这一点的敏感性来自我们在各种学校举办研讨会的经验。我们感觉到在一些地方有这样一种趋势："这是一个很棒的研讨会，谢谢，我现在明白了。"然后，参与者打钩说，"好，我们

---

① 原意为供军事作战演练、模拟与指挥用的模型，这里指供新手练习的地方。——译者注

现在已经懂 MBE 科学了",之后再进入下一个有吸引力的职业发展培训。可他们并没有抓住重点。

使所有学生都受益的教学和学习的巨大变化和改进的潜力,来自许多人多年进行的反思性的、迭代的和基于研究的实践的累积效应。这不是一次一劳永逸的"活动",而是在学习方式上的转变。有了大量的老师和学校管理者的转变,就可以为整个学校带来一种围绕着伟大教学的创造性能量,一种学生反映和发展的能量。请记住,专家型老师和有经验的老师是不同的,后者不会自动成为前者,成为专家的道路是每个老师在其职业生涯的任何阶段都可以自行选择的。每个学生都值得拥有一名专家型老师。

随着时间的推移,改变会随着你的努力而发生。无论个人还是机构,都是如此。这就是为什么我们建议你接受我们的"10%的挑战"。我们每年都会向你提出挑战,依据 MBE 科学的研究成果,改变你所做的事的10%。你会做什么?

然而,我们必须承认一点。在一本基于研究的书中,讽刺性地说出了我们是如何得出 10% 这个数字的:20% 太大了,任何以 5% 结尾的东西看起来都很烦人。但是 10% 合适吗?毫无疑问,10% 是一项挑战,但也是可控的,没有那么可怕。即使我们只坚持几年 10% 的挑战,其累积效应也是巨大的。即使一些改变由于最终需要进一步的改变而"抵消"了,5 年后你会在哪里?更重要的是,你的学生们会在哪里?如果有一名善于研究和反思、用证据来指导教学并聪明地朝着掌握目标努力的老师站在学生们的面前,你觉得他们会做何反应?

那么，学校如何支持这种改变？我们坚信，一套共同的框架和语言对于在整个系统范围内实施一项新倡议至关重要——这也是我们在第 12 章开始时提出的。全学校范围的成功改革的另一个关键因素是有效指导——所以我们在第 12 章中提出的框架是能随着导师能力的提升而产生相应水平的指导能力。

在学校培养研究带头人的构想是一种巨大的进步，也许是学校社区颠覆性改变的一种声明。不出所料，致力于帮助学校了解研究的关键人物有助于学校获取已有的研究信息。这个人是知识的源泉，可以规划和协助教师型研究，并且联通学校与外部研究机构。而且这个人在建立人员联系、协调老师工作方面与学校的战略使命相一致，在防止创意和机会流失方面也至关重要。

作为一所以研究为导向的学校，如果管理者能认识到，老师需要时间和支持来培养一种反思性、迭代的和合作实践的文化，将获益良多。虽然这本书的内容不是详尽无遗的，但我们试图说明的是，学校可以通过规划而成为一所教学和学习都由 MBE 科学研究指导的学校。

2015 年，以"海市蜃楼：直面追求老师发展的艰难现实"(The Mirage：Confronting the Hard Truth About Our Quest for Teacher Development) 为题的教师型研究新项目报告发表时受到了媒体的关注，它概述了一幅乍看似乎很严峻的画面：在老师专业发展上花费了大量的时间和金钱，结果却没有多少改善。但我们认为这实际上是一种乐观的迹象，它表明，积极改变所需的时间和金钱确实存在，但我们只是没有有效地利用它们。我们告诉你，MBE

科学研究可以告诉我们需要做什么，以及如何做。

当我们的书接近尾声时，我们把你的注意力拉回到本书最开始的献词上。每个学生都值得拥有懂得大脑如何学习的老师——我们知道学习是如何发生的，哪些策略是有效的，哪些策略是无效的，以及我们需要对抗哪些神话。满足于任何更少的知识是不合理的。

如果有一本你想读却还没人写的书，那你就是写这本书的人。

——托尼·莫里森

　　我们从 2007 年开始写《教育脑科学》这本书，当时我们学校决定通过培训和持续发展专业性来丰富全体教师关于大脑如何工作、学习和变化的知识。我们与同事及合作的大学一起展开了一次不可思议的冒险，我们邀请了心智研究、脑科学和教育科学领域的重要思想领袖们来学校分享他们的研究，如库尔特·费舍尔博士、杰伊·吉德博士、玛丽亚·哈迪曼博士、克里斯蒂娜·辛顿博士、卢克·林内（Luke Rinne）博士、凡妮莎·罗德里格斯博士、朱迪·威利斯博士，在此感谢他们的专业分享。

　　然而，即使学校有了这么多教育神经科学领域的优秀人才和翘楚，也不能保证老师们会改变他们的教学设计，或者以研究的方式去与每个学生进行教学互动。这需要一群有成长意识的老师，在有远见的学校管理者的帮助下和红桥基金会（Crimsonbridge Group）的支持下，看到他们可以提升教学能力并给予所有学生更多的支持，让学生们不仅知道学科的内容，而且能更好地了解传递这些学科内容的研究性教学实践。因此，我们要感谢圣安德鲁圣公会学校的老师和管理者给予的支持，以及付出的精力和才智。没有他们，就没有这本书。我们一起学习和创新，一起找寻最适合年级水平、学科和学生的研究。我们也认识到学校、老师及教学改革中心可能抱有更大的公共目的。我们花时间写《教育脑科学》这本书的灵感之一是，我们将成为学术研究和课堂实践之间的桥梁。我们希望这本书平等地服务于每位老师，同时提供一个在全校范围内整合心智、大脑和教育科学的模型。

任何写过论文或书的人都知道有一个好编辑的支持是多么重要，我们也是。因此，我无比感激伊丽莎白·韦伯（Elizabeth Weber）博士延迟退休，再次用她那强有力的红笔让本书的每一章都更具有一致性和连贯性。另外，这项工作的主要受益者也为本书做出了贡献，他们就是教学改革中心那些乐于批评老师的作品的学生们。我们也要感谢我们的同事乔·费伦（Joe Phelan），他制作的照片让我们的形象在读者的眼中看起来年轻了好几岁。一台好相机和灯光的效果令人惊讶。我们还要感谢利萨·马尔索（Lisa Malveaux）的艺术才能，她将我们的许多想法通过视觉呈现出来。我们也永远感谢格伦和他的妻子黛布拉（Debra）在科罗拉多的一次长途徒步旅行，正是因为这次旅行才有了本书的书名。我们也永远感谢我们的家人，感谢他们允许我们暂停片刻，思考并写作。

　　最后，我们要感谢花时间阅读本书的每一位读者，你们可能是老师、学校管理者、教育政策制定者、家长或学生。我们希望每个学生在学习生涯的每一天都能接受依据研究的世界级教育。而前提是我们必须认识到，杰出的老师和学校管理者必须知道大脑是如何学习和工作的。希望本书能开启你的冒险之旅，就像我们和我们的同事在 2007 年开始的冒险一样。愿你也同样收获满满！

版权声明